语文教学方法与文学艺术思维研究

蒋 丽 ◎ 著

吉林出版集团股份有限公司

图书在版编目（CIP）数据

语文教学方法与文学艺术思维研究 / 蒋丽著. — 长春：吉林出版集团股份有限公司，2023.10
ISBN 978-7-5731-4422-5

Ⅰ.①语… Ⅱ.①蒋… Ⅲ.①语文教学－教学研究 Ⅳ.①H193

中国国家版本馆CIP数据核字（2023）第 197545 号

语文教学方法与文学艺术思维研究
YUWEN JIAOXUE FANGFA YU WENXUE YISHU SIWEI YANJIU

著　　者	蒋　丽
责任编辑	曲珊珊
封面设计	林　吉
开　　本	787mm×1092mm　1/16
字　　数	210 千
印　　张	14
版　　次	2023 年 10 月第 1 版
印　　次	2024 年 1 月第 1 次印刷

出版发行　吉林出版集团股份有限公司

电　　话　总编办：010-63109269
　　　　　发行部：010-63109269

印　　刷　廊坊市广阳区九洲印刷厂

ISBN 978-7-5731-4422-5　　　　　　　　　　　定价：78.00 元

版权所有　侵权必究

前　言

　　语文因其学科本身的工具性、人文性和综合性特征，铸就了它有别于其他学科的丰富内涵与深厚情怀。人们工作、学习、生活的任何内容都与语文息息相关。通过语文的学习，不仅能提升学生的思维与创造力，还能增强学生的文学鉴赏力与审美力，更能让学生加深对中华优秀传统文化、革命文化、社会主义先进文化的认同感和自豪感，进一步树立文化自信。同时，语言运用能力的提升会使学生的精神世界更加丰富，情商更高，人格更完善，其作用不可低估。但是，在实际教学过程中，语文教育教学却面临着严峻挑战。课程建设滞后、课时安排短缺、师资力量薄弱、教学手段单一、教学方法陈旧、师生兴趣不高等问题依然存在，有的高校甚至砍掉了语文课程。面对新时代素质教育的要求和高校人才培养模式改革以及创新型人才的社会需求不断加深，如何更加科学有效地开设好语文这门事关中华民族优秀文化传承和新时代创新人才综合素质提升的文化基础课程，是一项值得不断探索的新课题和十分有意义的教育创新工程。

　　由于作者学术水平有限，书中不免存在诸多不足，恳请各位读者提出宝贵的意见，以便今后不断完善。

蒋　丽
2023 年 3 月

目录

第一章 语文教学概述 … 1
- 第一节 语文的性质 … 1
- 第二节 语文的特点 … 6
- 第三节 语文教学任务 … 14
- 第四节 语文教学的基本理念 … 23

第二章 语文教育教学方法的改革 … 50
- 第一节 语文教育改革的启示 … 50
- 第二节 语文教学方法的变革 … 55

第三章 语文教学中的艺术 … 71
- 第一节 教学艺术概述 … 71
- 第二节 语文教学艺术的特征 … 73
- 第三节 语文课堂教学的艺术 … 78

第四章 语文教学的创新思维 … 84
- 第一节 创新思维在语文教学中的作用 … 84
- 第二节 语文教学创新思维的策略 … 89
- 第三节 营造创新思维环境 … 97

第五章 语文生态化教学策略实践 … 104
- 第一节 语文教育的生态学探究 … 104
- 第二节 语文教育的生态课程建构 … 117

第三节　语文教育的生态化教学设计 128

第六章　语文和谐课堂教学方法实践 150
　　第一节　和谐课堂中的人际关系 150
　　第二节　和谐课堂教学创设的理论基础 172
　　第三节　和谐课堂教学的创设原则 180
　　第四节　和谐课堂教学的创设策略 187

第七章　语文教学文学艺术思维培养策略 202
　　第一节　艺术思维的概述 202
　　第二节　文学中的艺术思维类型 209
　　第三节　学生艺术思维的培养 212

参考文献 216

第一章 语文教学概述

第一节 语文的性质

语文是"语言""文字"与"文章"的统一,是人们交流思想、传递信息、获取知识技能不可或缺的手段。由此可见,语文的工具性、人文性和综合性便成为它的本质属性,包括语文。

一、工具性

工具性是语文的基本特征,在进行语文教学时,教材发挥着较为重要的作用。教师按照课程要求设计教学内容,使教学具有一定的科学性,从而使语文课程体现出工具性的特点。由于语文具有较强的实践性,在生活、学习中被广泛应用,并且具有向其他科目渗透的趋势,因此,获取知识、养成良好的学习习惯是开展语文教学工作的主要目的。例如,学生学习过诗歌部分的内容之后,就能够了解对仗、押韵等诗歌特点,并能够在写作时应用这样的诗句,进一步提高语文应用能力。另外,良好的语文习惯是通过大量练习得来的,练习时主要依托的是语文教材,所以,语文教材便为语文教学工作提供重要依据。

语文教材具有德育能力,学生在学习中能够形成良好的人生观、价值观和世界观,并对人格品质的形成有一定的影响。由于教材内容中具有爱国主义色彩,学生学习这一类文章能够形成爱国情怀,如《苏武传》《祖国,我亲爱的祖国》等文章，其能够发挥出工具性的作用，激发学生的爱国感情，感受中华文化。另外，语文中不少文章蕴含丰富的哲理，学生在学习中能够了解为人处世的方式，并能够发挥教材的人生指导意义，提高教学的有效性。

语言作为交流的工具，其内容具有大量的信息和知识，语文作为一门语言类课程，能够潜移默化地影响学生的文学能力，使学生能够在提高文学能力的同时，启迪思想智慧。在教学的过程中，传统文化的弘扬和人文精神的塑造也是通过语文的工具性而实现的。例如，教师在带领学生进行写作练习时，学生会应用文字将自己的真情实感表达出来，鉴别假恶丑，弘扬真善美，使学生的语文综合能力得到进一步提高。

语文教材中的内容十分丰富，怎样才能转化为学生的能力，还需要教师在教学中对课程内容进行合理分析整理，为不同需求者提供思想文化与语言技巧的丰富内涵与取向标准。但能否顺利实现工具性所体现出的文化与技巧功能，还取决于学生本身的兴趣爱好与教师实施的方式方法。由于高校学生的语文综合能力参差不齐，传统的教学方法会按照大部分学生的学习能力进行教学，导致部分学生语文成绩得不到提高，甚至失去学习兴趣。为了合理利用语文教材，教师需要先了解学生的语文综合实力，并使用适当的方法进行教学，引导学生进一步了解语文课程，使学生逐渐树立正确的审美意识。另外，在教学的过程中，教师会对优秀作品进行重点讲解，使学生能够潜移默化地提高语文综合素养，教师在教学中有针对性地对学生进行指导，能够帮助学生感受语文中的美，使之树立健康的心灵，掌握生动形象的语言表达技巧，从而发挥出语文课程的工具性作用。同时，教师在授课时，还需要先了解教材的整体结构，并根据教学需求设计教学内容，保障教学工作能够满足不同学生的发展需求。但由于部分教师对这一工作的重视程度不够，没有丰富教学内容，导致语文教材没有发挥出工具性的作用，为了改善这一现状，需要提高教师的教学水平与重视程度，并根据学生的兴趣爱好、学习情况合理设计教案，使语文教学工作达到培养全面人才的作用。

二、人文性

人文性能够体现出人类文化精神，是文化精神和价值理想的统一。人文精神是以积极的价值信仰确定生命的意义，以正确的伦理观念培育人际关系，以崇高的理性精神探索存在的规律，以自觉的公民意识参与社会事务，以坚定的文化自信传承民族传统，以高尚的审美理想创造美的世界。人文性的内涵是将真善美作为核心价值追求，推动人类文明进程发展。大部分语文教材在编写时将汉语言文学的发展历史、民族文化等内容融入其中，使语文具有特定的人文性，学生在学习时，能够感受到文章内容中的文化内涵，促进学生形成健全的人格品质，达到语文教学的目的。另外，语文课程内容中包括大量的历史、文化、哲学等文章，学生在学习时能够感受到中华文化的博大精深，能够满足学生的学习需求，进一步提高其语文综合能力。由于学习语文教材的教学对象为非中文专业的学生，部分学生对语文课程的兴趣不高，为了达到教学的目标，需要教师以提高学生整体文学素养为教学目的，对学生进行诱导教学，带领学生从多角度对优秀作品进行分析，使其能够感受文学作品的魅力，并得到感悟和熏陶。例如，在设计语文教学课程时，教师可以将文本中的人文特性进行分类，如仁爱、乡愁、自然等，通过这样的方法进行分类，学生能够同时学习到不同类型的作品，并激发学生内心的情感，强化学生对主题的认知。

语文教育是指导学生学习中华文化的主要活动，语文教材在编写时为了达到素质培养的要求，按照文体结构形式进行分类，例如，徐中玉通用教材分为十二个单元，学生在学习这一教材内容时，能够快速了解不同单元的结构模式、主体内容，使单元主题结构具有人文性，进一步提高学习效率；夏中义版的教材以人文性为主线，将课程内容分为十六个单元，为每个单元设计一个主题，并在文章后增加相关链接，达到丰富学生语文综合能力的目的，以及培养人文素养的目的。另外，部分教材在编写时按照文学结构进行编写分类，如彭光芒版的教材按照发展顺序进行分类，使学生在学习时能够进一步了解文史知识，由于这一形式的教材较为系统，并具有人文性，能够帮助学生了解不同时期语文的发展情况，进一步提高语文教学效率。学生在进行学习时不仅能够提高其写作、表达能力，还能够通过文学作品提升民族认同感，使其了解中华文化中的人文性。

语言作为重要的思维工具，具有五千年的历史文化，是中华儿女的"根"。高校教育对个人的思维发展有一定的影响，由于语文教材中具有人文性的特点，能够承载其他教育意义，但由于部分教师对引导学生学习民族文化的重视程度不高，导致语文教学降低了有效性。为了改善这一现状，需要教师提高重视程度，并按照教材内容、设计方式进行教学引导，进一步提高学生的民族感，使学生成长为具有民族"根"的人，达到开展语文教育的目的。另外，由于语文教材在编排时按照不同类型进行整理，能够提高学生的语文综合能力。但部分学生在学习一段时间后，会产生枯燥感，为了改善这一现状，提高语文教学的有效性，需要在教学时按教材结构合理设计课程，提高学生的学习兴趣，发挥出语文中人文性的特点。

三、综合性

　　学生在高校阶段主动进行语文课程知识的学习，并成为学习的主导者与实施者，知识面不断拓展，综合素养不断提升，这一过程能够体现出语文的综合性。语文学科中的内容多样化的特点，使学习这一内容能够达到文化传承的目的，升华学生的精神文化。语文学科具有教育职能，教材包括文化、文学、哲学、历史、宗教等综合性内容，从文学的角度对语文教材进行分析，能够发现其中存在大量经典文学作品，使教材内容呈现出传统文化精髓。由于中国古代的道家、儒家思想对文学有一定的影响，部分经典作品能够体现出儒家思想，进而学生在学习时，能够感受到天人合一，发挥出语文教材的综合性特点。另外，由于传统思想文化在今天依然具有较为重要的意义，进而在高校阶段学习语文时，能使学生接受传统文化的熏陶感染，提升自身语文综合能力。加之教师合理使用语文教材内容，结合历史文化的拓展引领，更能体现出语文综合性优势。例如，在设计《乡愁》这一课程时，为了激发学生的学习兴趣，教师需要在课程中融入政治、历史、地理等方面的知识，使课程具有拓展学生思维的意义。

　　由于中华传统文化将人生境界与审美境界联系起来，文学作品能够传达出这一内容，高校学生在进行语文学习时，能够感受到作品中的魅力，发挥出作品的优势。教师在进行课程内容讲解时，将文学作品内容含义延伸到社会生活中，达到精神文化传承的目的，发挥出语文教材综合性的意义。此外，教师在进行教学时，为了使学生进一步了解文本含义，会在讲解时引入实例，并创建相关的文学情景，提高学生的民族情感，帮助学生树立正确的人生态度，提高教学的有效性。语文课程具有不同的特点，并且语文教育的目的是育人，进而在进行教学设计时，需要对课程内容特点进行统一，并使用适当的方式进行教学，发挥出语文课程综合性优势。

语文是一门综合性较强的学科，良好的文本分析能力能够提高其他课程的学习效率，直接影响其他课程的学习质量。人们生活、工作中都需要应用语文，高校学生虽然在先前学习阶段接受了12年的语文教育，但为了推动学生进一步发展，为今后的工作奠定良好的基础，需要在高校阶段继续学习语文。例如，历史中具有重大成就的科学家，不仅专业领域较优秀，还具有较强的文学鉴赏能力与良好的文字表达能力，保障其能够应用合适的言语表达研究成果，从而体现出语文的综合性和重要性。另外，学生在进入社会工作时，需要用语言陈述自身观点，表达自己的不同见解，可以说学习、工作、生活方方面面语文知识无处不在，缺一不可。一个能说会写的人无论在哪个行业都会受到重用，考察一个人的综合素质少不了必要的语文知识。部分教师在教学的过程中，为了提高学生的语文综合能力，在教学时将教学内容进行完善，并将其他知识内容与教材进行融合，进一步提高教学质量，体现出语文综合性特点。

第二节　语文的特点

一、知识结构的整体性

语文课程之间的教学要点、内容等部分存在一定的联系，并形成相对独立的体系，包含了大量的语言、文学、哲学、历史、宗教、道德等知识，这一具有系统性的教材为语文教材。应用这一课程设计教案、课时，能够将总体学习目标与阶段性目标联系起来，从而体现出语文的整体性特征。虽然语文教材具有不同版本，并且编者不同，教材结构划分、重点内容设计存在差异，但其知识结构整体性的特点是不可或缺的。例如，王步高版本的教材在编写时，按照文学史结构进行编写，版本中的小说部分，将文本按照时代进行划分，学生在学习时能够了解不同时段文学的发展情况、写作风格，进一步提高了学习的有效性。而且，学生在之后自主学习小说类型的文章时，就能够自主分析文本写作风格、写作特点等内容，提高语文鉴赏能力。另外，语文教材为了体现知识结构整体性的特点，在对单元进行分类时，不同单元所体现的重点内容是不同的，教师在设计教学内容时，为了体现出知识结构整体性的特点，需要根据重点部分设计教学计划，学生在自主学习时，也能够重点学习重要内容，发挥出语文整体性的优势。但部分教材在设计时，没有将各个类型的文本综合整理，甚至部分教材的爱国主义情怀不强，难以达到培养学生爱国主义情感的目的，这是有待完善的地方。

高校阶段的语文教学时间较为灵活，可以贯穿整个高校课程体系，虽然学生具有一定的语文学习基础，但大部分学生对语文综合知识了解不深，提升不够，为了提高教学的有效性，使教材知识结构具有整体性，大部分教材编写人员将课程内容按照结构类型进行分类，教师能够有针对性地进行课程讲解。例如，在学习散文时，教师会根据教材知识结构引导学生总结散文的特点、写作手法等内容，并引导学生自主创作，达到提高学生写作能力的目的，推动语文教学工作进一步发展，实现提高学生综合能力的目的。虽然运用这样的方法进行教学能够提高教学整体性，但部分教材中缺乏主题，课文之间的联系不强，教师在进行教学工作时，需要浪费较长时间整理教学内容，降低了备课效率，因此，教材的改进仍需加大力度以实现知识结构的科学性。

高校学生在学习语文内容时，由于大多数学生为非文学专业学生，语文综合能力不高，甚至存在语文知识短缺的现象，在按照知识结构进行教学时，为了提高教学有效性，发挥知识结构的优势，教师需要在教学前对这一部分整体结构进行分析，并为课程设定主题，使学生在教学中能够了解教学重点内容，进一步提高教学有效性。另外，由于部分学生对于古代文言文的学习兴趣不高，如果教材按照文学类型进行分类，会出现一段时间内学生学习兴趣不高的问题。为了既避免这一问题发生，又使知识结构具有整体性，需要在课程结构设计时，将文章类型进行穿插，使一单元中既有古代文又有现代文，调动学生的学习积极性，进一步提高教学有效性。在针对不同专业开设语文教学时，需要提高知识结构的整体性，并明确结构类型，根据学生的喜好进行设计，通过这样的方法设计教学内容，能够使学生转变对语文课程的态度，提高语文课程学习积极性，促进语文教学工作进一步发展。

语文课程教学的主要目的是培养学生的创造性思维，在教学时，教师会引导学生积极思考，并鼓励学生提高学习积极性，提高教学有效性。在教学过程中，教师可以设计开放性答案的问题，并引导学生进行整理，进一步提高教学的有效性，促进学生思维能力发展。

二、文选内容的经典性

语文的课程性质和学科定位，是语文课开设以来一直讨论的中心话题。与中学语文的区别、在高校学科系统中的地位、学生知识构成中的作用等，成为准确把握语文教学所要解决的前提。语文选文中具有的工具说、文学说、美育说、文化说、人文说、思想教育作用等功能，能够达到情感陶冶的目的，并发挥出选文的经典性。开设语文教育的主要目的是提高高校学生的文化素质，在其中融入大量经典选文，不仅能够满足时代发展的需求，还能够体现出时代价值与社会意义，通过这一阶段的教育，高校学生能够熟悉和掌握传统经典，达到素质教育的目标。并且高校阶段语文教学内容较为重要，能够推动学生进一步提高自身综合能力，但部分高校目前使用的教材为通用本，由于使用时间过长，其中内容大都为古代文学作品，虽然这些内容较为经典，但由于部分学生对语文学习兴致不高，教材内容难以满足学生个体学习需求，导致课堂与学生之间存在一定的距离感，降低了学生的学习兴趣。学生在学习中对小说类的作品较为感兴趣，为了提高教学的有效性，需要教师引入经典作品的同时，融入现代优秀作品。例如，《一只特立独行的猪》较受欢迎，并且其内容能够满足教学需求，为了使教学内容保持与时俱进的状态，并提高教学有效性，可以将这一作品融入教学课程，使教学增加趣味性，并提高教学效率。目前使用的语文教材中，陈洪本版教材中的古代文学比重较小，但其古文内容较为经典，能够满足学生的学习需求，进而不需要再增加这一类型的文本内容。中文专业学习的教材在设计时，侧重于语言基础内容，包含大量较为冷门的知识，具有较强的专业性。

在教学改革不断推进的背景下，语文教学为了能够进一步发展，在选择教材时对选文内容进行了分类整理，并按照学生的喜好选择教学内容。例如，在对具有时代感的内容进行整理时，需要先将内容按照经典性进行分类，并将国内外优秀的文学作品融入其中，提高语文教材的有效性，为教学工作提供依据。在整理教学内容时，教师可以先将教学内容进行分类，并更换部分文选内容。教材部分内容虽然具有经典性，但由于难度较高，无法为学生进行系统的知识讲解，为了改善这一现状，需要优化教学内容。例如，陈洪本版的语文教材内容分配较为合理，并且其中存在较多经典文学，如《秦腔》《语言的功能障碍》等，这些既具有优秀文化传承性，又能提高学生模仿能力的优秀选文就具有较强的感染力，进而在教学时能够提高教学有效性。

由于语文教材编写人不同，其编写思路、编写想法存在一定的差异，在其中应用的选文经典性不同，发挥出的有效性也存在差异，例如，徐中玉版的教材内容注重提高学生能力，其中的内容开放性较强，学生能够应用这一教材提高自身语文综合素养；王步高版的教材在编写时添加了脚注，对部分较难的内容进行了整理，能提高学生的阅读效率，并且由于其对语文综合能力较为重视，进而在进行教材编写时，将不同类型、不同结构的文本引入其中，并且选择的文本内容较为经典，学生在教师的指导下，能够了解文本的内涵，进一步提高教学效率，使教材能够满足学生的学习需求。

由于高校学生已经接受较长时间的语文教育，并已经形成了一定的文学素养，具备文章分析能力，但高校阶段的语文教育的主要目的是进一步提高学生综合能力，教材中部分内容难以满足学生的学习需求，为了能够进一步提高教学的有效性，需要教师在授课之前对教材内容进行整理，并删掉部分不够经典的文本，引入能够满足教学需求的文本，提高教学质量。另外，由于部分教师的语文综合能力不强，文学积累不足以丰富教材内容，为了改善这一现状，发挥语文教材的优势，需要教师共同努力提高自身语文水平，加强教学信息反馈，改进教学方法，提高教学有效性，推动教学工作进一步发展。

三、人文精神的隐含性

高校教育具有人文素质教育的责任，进行人文教育能够使学生了解人生的价值与自由意识，我国人文教育在发展中经历了化民成俗、转识成智的过程，并不断丰富人文精神，进而语文教学具有培养健全人格的目的。例如，语文《八声甘州》，虽然高中语文包含了这一课程，但高校教学中对借事抒情进行了深层次的讲解，表现出了课程中的隐含性。语文教材对教学质量有一定的影响，但由于部分教师对课程人文性的重视程度不高，导致课程中存在古文过多、课文含义分析不深刻的问题，导致教学缺乏有效性。为了改善这一现状，发挥课文人文精神的影响力,需要在备课时了解课文的含义,并设计教学内容。例如,为了达到提高教材整体质量,以及提高学生学习兴趣的目的,需要将诗词、散文、戏曲中的人文性进行分析,并进行分类整理,使学生能够在学习中提高语文综合能力,发挥语文课程的有效性。为了提高教材内容的人文精神,需要在设计时引入大量的古代文学作品,提高教材设计的有效性。语文课程具有基础性的特点,高校阶段需要学习这一课程的学生为理科生,其对于中国历史文化了解不足,进而在教学时,存在难以提高学习兴趣的问题,为了改善这一现状,可以在教材中增加科技说明文,将形象思维与抽象思维有机结合,让学生提高对其他领域的了解程度,进一步提高教学的有效性,提高学生的学习兴趣。

语文课程能够帮助学生了解社会,为从业后的工作奠定良好的基础,进而在设计课程内容时需要选择贴近生活实际的内容,使教学具有一定的时代感。例如,教师可以在设计教案时,将生活中的人文精神实例与文本联系起来,并按照学生的个性爱好选择篇幅小、内容精练的文章,在教学时教师加以引导,使学生感受人文精神中的隐含性,发挥语文教育的意义,提高教学有效性。在网络快速发展的今天,网络作品质量不断提高,学生对其关注度较高,为了提高学生对课堂的关注度,可以在设计教学内容时适当将网络作品融入其中,引导学生分析作品优劣,提高学生对作品人文精神的了解程度,促进学生进一步提高语文综合能力。另外,应用这一方法设计教学内容能够引导学生关注社会生活,并产生一定的感悟,达到语文教学的目的。

语文教材在编写时存在一定的重复问题,并且部分课程内容与学生的实际学习能力不符,导致教学工作缺乏有效性,例如,部分语文教材中包含《锦瑟》《八声甘州》等内容,这些内容学生在高中阶段已经进行过学习。另外,由于部分教师在授课时引用的文章较类似,导致教学工作有效性不高,为了改善这一现状，需要教师日常多收集优秀文章，并在备课时引用较新的文献内容，进一步提高教学有效性，推动教学工作进一步发展。高校在选择语文教材时，需要先对学生的语文实际学习情况进行分析，并选择能够满足学生学习需求的内容，扩大应用范文的范围、类型，将教材中与高中内容相同的文章进行删减，在提高教学效率的同时提高教学有效性，进一步提高教学质量。

四、表达方式的审美性

语文教材将语言文学、文化知识进行整理，包含一定的思想文化内涵，并且语文课程为传播知识的载体，其结构本身与人的审美相符合，使学生能够进行情感交流。语言是人类沟通的重要工具，能够将自身的想法进行传达表述，随着中华历史的不断发展，语文课程内容不断完善，无论是诗歌、散文、小说、戏曲，还是叙事论理，写景抒情，都不乏美文美句，对高校学生健全人格的塑造会起到直接的影响。并且由于语文的教学对象为非中文专业的学生，虽然其对教材难度需求不高，但需要进一步提高自身总体的文化素养，为其他科目的学习理解提供基础。教师在教学的过程中，需要提高引导力度，使学生能够通过学习优秀作品，提高课文审美感悟能力，并得到熏陶感悟，推动语文教学工作进一步发展。

语文教育是学习祖国语言的方式，这一行为具有人际交往、文化传承的意义，语文教育将中华五千年的历史进行了汇总，学生在学习时，不仅能够提高语言运用能力，还能够了解语言表达的审美能力，并提升民族认同感。每个国家在开展教育工作时，都将本国语言放在重要位置，使学生能够在学习时，进一步提高语言表达中的审美能力。但随着我国的国际竞争力不断提高，人们对语文教育的重视程度不断降低，甚至部分高校中的语文科目被边缘化，语文作为弘扬中华文化的重要途径,需要得到大众的重视,发挥语文课程审美性的意义。

语文教材内容包括诗歌、散文、小说等形式,不同形式的文本语言表达形式存在差异,学生在课堂中认真学习能够感受到作品中的美。在教学中,由于高校阶段的学生受过语文教育,其理解能力、学习能力较强,在教学时教师只需要应用美的规律对学生进行引导,学生能够对课文表达方式中的美进行分析,获得一定的美的享受,并逐步形成正确的语文审美能力,达到培养全面人才的目的。另外,由于高校开展语文教学的目的之一是培养学生的审美能力,进而在高校课程教育时,教师需要引导学生把控审美标准,帮助学生形成心灵美、高尚美的分析能力,提高高校教学的有效性。

语文课程的主要任务为提高学生的语文综合能力,进而教材中的内容较为丰富,作品类型较为完善,在教学时教师会丰富写作背景、作者的生平事迹等,进一步提高教学的有效性,应用这一方式进行教学工作,学生能够了解表达方式中的美,并树立正确的审美意识。由于高校具有树立健康品质的教育职能,进而在进行语文教学时,教师需要根据学生的性格特点,构建适当的教学方法,保障教学工作能够使学生形成良好的审美情趣。但由于部分学生对语文课程缺乏兴趣,甚至在课程中学习专业科目,导致其语文综合能力没有得到提升,为了改变这一现状,需要教师在设计教学内容时,在教案中融入美的形象、意境。在教学时教师需要对学生加以引导,使学生能够主动分析课文含义,帮助学生形成良好的审美能力,为学生之后的学习工作奠定良好的语言基础。

在科技不断发展的背景下,为了提高高校学生对语文学科的重视程度,需要在教学时引导学生关注社会,思考语文学习的意义。另外,在进行教学时,为了提高学生的综合能力,需要在教学时巩固其语文知识,并带领学生进行语文知识练习，使学生能够主动感悟语文表达方式，提高学生的综合能力。在进行教学时，为了提高有效性，教师可以将现代科技与语文课程内容相结合，以具有趣味性的方式进行教学活动，进一步提高教学的有效性，达到语文教育的目的。

第三节　语文教学任务

一、增强母语感染力

母语是人们思维的载体，能够帮助人们进行知识的认知、问题的分析与归纳、思想的表达与信息的沟通。在高校阶段学习母语能够提高人们语言表达能力，丰富人的内心修养，并且人们的母语水平直接影响其思维能力和创造能力的发展，对其他语言学习也有一定的帮助。高校的母语教育目的是培养高素质语文人才，并且学校在进行语文课程教学时，需要按照教育部门的要求设计教学内容，发挥语文学科的特点，使高校能够适应语文教育发展需求。由于中文是我们的母语，虽然学生在进入高校阶段之前，已经学习、应用了较长时间，但语文教育的主要目标是提高学生的语文综合素养，进而在进行教学设计时，需要对阅读、欣赏、表达等进行科学设计，进一步提高教学有效性。但部分高校对语文教育的重视程度不高，甚至没有合理安排教学课时，导致教学工作缺乏连贯性，难以达到教学目的。由于语文课程具有一定的整体性，为了能够进一步提高学生的语文综合素养，需要选择合适的教学方法，培养学生的审美能力。但部分高校教师还在使用传统的教学方法，由于教学形式过于枯燥，学生的综合能力没有得到明显提高，甚至缺乏学习兴趣，难以达到增强母语感染力的教学效果。进而在语文学习阶段，为了完成增强母语感染力的教学任务，需要教师在设计教学内容之前了解学生的语文学习情况、学习能力，并研究课程设置、教学设计方式等内容，使教学工作具有针对性，以提高学生对语文的阅读、欣赏、理解能力，并掌握母语知识，推动学生发展，进一步提高教学有效性。

由于语文课程具有系统化的特点，学生认真学习这一内容能够进一步提高语言表达能力，使学生能够熟练地应用语文知识。语文课程在教学时将培养人文精神作为目标，并以这一目的为依据选择教学文本，进一步提高教学有效性。但由于部分教师对这一工作的重视程度不高，导致教学工作的有效性不高，为了改善这一现状，需要教师在设计课程时，选择具有典范性的文本，并对学生的综合能力进行分析，合理设计能够启迪思想、道德熏陶的文本，使教学具有生动活泼的氛围，让学生对语文学习产生浓厚的兴趣，并起到增强母语感染力的作用，推动教学工作进一步发展。

由于语文教材在编写时，为了保障其既能够满足教学大纲的要求，又能达到母语教学的意义，需要教师将其中的工具性与人文性进行统一，使学生能够在适当的教学环境下提高语文综合能力，并提高对文学作品的赏析能力。但部分高校在开展语文教学时，没有合理设计教学内容，导致教学内容过于理论性，难以提高学生的综合素养，这就需要进行语文教学改革工作，进一步提高教学的整体性，增强母语感染力，促进教学工作发展。另外，开展语文教学工作，能够促进学生进一步提高语文综合能力，改变部分高校专业设置厚此薄彼现象。语文教学中学生在学习文本后能够形成良好的精神素养，并推动社会进步，提高综合能力。由于人们生活在汉语的环境下，并且语文科目对社会发展有一定的影响，为了使语文教学达到增强母语感染力的效果，需要优化教学文本内容，例如，教师可以通过社会发展、文化素质等方面选择文本内容，并在教学时对学生进行引导，使教学工作进一步提高有效性，提升学生对语文的欣赏能力。

二、提升艺术审美力

艺术审美力，又称艺术鉴赏力，是指人感受、评价和创造美的能力。审美感受能力指审美主体凭借自己的生活体验、艺术修养和审美趣味有意识地对审美对象进行鉴赏，从中获得美感的能力。艺术审美能力对学生的思想情操、思想情感的发展有一定的影响，并且高校学生即将面临就业问题，为了促进其进一步发展，需要合理开展语文教育工作，使教学达到提升艺术审美的效果。为了达到这一目标，需要教师合理设计教学内容，使学生具有发现美、创造美的能力。另外，由于教师具有美感教育的责任，进而在选择教材时需要按照马克思主义审美原则整理教学内容，并且由于文学家在创作作品时，会美化人物形象，学生在学习时能够逐渐形成艺术审美力，并获得美的享受。在语文教学中，教学工作需要发挥语文学科中的人文性与基础性作用，进而提升学生艺术审美力，推动学生全面发展。但语文教学使用传统方法难以提高教学有效性，为了改善这一现状，需要提高教学针对性。例如，在教学时，教师需要先对学生进行基本审美能力的培养，并根据学生学习情况进行审美教学，使学生能够进一步提高对语言的感悟能力，从丰富的感悟中得到美的享受，提高语文教学的有效性。需要教师在教学时对学生进行必要引导，培养其勤于思考的习惯，为之后的学习、工作奠定良好的基础。

在语文教学中，为了进一步提高教学的有效性，需要在教学时帮助学生沉淀知识，并提高对文章内容的理解能力，了解文本内容情感，并将文本内容进行升华。例如，在学习《声声慢》时，由于学生接受了较长时间的语文教育，进而让其独立对文本进行分析，但为了发挥语文教学的优势，需要从审美角度引导学生进行分析，使学生能够感受李清照的情感，并融入诗人的精神境界，使教学工作达到提升艺术审美力的效果。

教师在教授语文时，为了达到提升艺术审美力的目的，需要合理设计教学内容，帮助学生对作品进行感悟。例如，教师在带领学生学习《荷塘月色》这一内容时，教师需要先带领学生分析作品内容，并让学生找到作品中传达美的关键词，并感悟到美的哲理，达到美育的目的。另外，文学作品能够展现社会、思想等内容，例如，《当》这一文章中，学生在教师的引导下能够感受到文章中描写的社会状态，感受到作品中美的力量，达到教育的目的。由于写作是语文教学中的主要任务，为了进一步提高教学有效性，需要教师在教学时加强引导，使学生能够感受到语文中的美，并延伸到生活实际中，使语文教学达到提升艺术审美能力的效果。通过这样的方式进行语文教育，学生能够在成长中逐渐形成完善的审美能力，促进学生心理健康发展。

语文教材内容具有多样化的特点，并且蕴含自然、社会等方面的美，在教学时教师需要将这一内容合理分配到教学工作中，使学生循序渐进地形成审美感受，领会到作品中描写的美与丑，学生在学习时对生活实际进行分析，能够感受到提高人文素养的重要性，并发挥出语文教学工具性的特点，进一步提高语文教学的有效性。另外，学生在高校阶段接受语文教学时，需要教师在课前整理教学内容，适当选择文本内容融入现实生活，并引导学生总结其中的美，使教学能够发挥出美育的作用，提高语文教学的有效性。

三、优化语言表达力

语文，无论是叙事状物、言事说理，还是抒情言志，所选文章均为经典之作，语言运用规范而艺术，对学生语感培养很有帮助。由于语文内容具有实践性的特点，人们的日常生活离不开语文，并且随着社会的不断进步与发展，语文的应用范围不断扩大，逐渐向其他领域渗透。因此，专家学者认为语文教材具有培养语文能力的作用,在进行教材编写时,将基本功能作为出发点,注重语言的工具性与美学性特征,提高教材编写质量。另外,为了能够发挥语文教材的教育职能,需要合理设计教学目标,使学生能够在长期学习中养成良好的学习习惯,并提高教学效果。由于培养良好的语文学习习惯需要进行不断的练习,而练习的依据为语文教材,这就需要教师应用教材带领学生进行听、说、读、写等实践活动,通过具体的语言环境锻炼学生运用语言的能力,促进学生养成良好的学习习惯。并且在教学时,为了能够进一步提高教学有效性,教师需要带领学生学习其他选文内容,例如,学习古诗词时,需要应用其他内容分析对仗、押韵等相关韵律知识,使学生能够提高对语文教学内容的了解程度,并提高语文实际运用能力。

在高校阶段进行语文教学对学生综合能力发展有一定的影响,在进行语文教学时,需要在教学之前合理设计教学内容,从学生实际能力与智力发展需要出发取舍内容。例如,教师在教学时为了优化学生的语言表达能力,提高教学的有效性,需要先将教学课程进行分类整理,并在教学中添加不同形式的文本,带领学生进行语言表达能力练习,进一步提高教学质量。发挥语文教学的意义,需要教师在教学前了解学生的实际学习情况,因人而异设计教学内容,起到优化语言表达力的作用,促进语文教学工作进一步发展。

由于语文的特点主要表现为语言表达,在进入高校阶段后,为了能够发挥语文教学的优势,需要重新进行设计,使教学具有科学性,并能达到优化语言表达力的目的。例如,教师可以在教学之前对课程内容进行合理设计,在课程中融入诗歌、散文、小说等文本,使学生能够进一步了解文学形成的过程,在教学中教师可以带领学生进行写作、阅读训练,提升学生的人文素养与道德品格,进而提升语言使用效果。另外,在教学的过程中,由于部分教师的重视程度不高，没有对课程内容进行优化设计，导致教学有效性不高，需要教师根据学生的学习情况、综合素养，进行整体教学设计。

语文教学中，为了达到优化语言表达力的教学目标，需要教师在教学中带领学生进行文本翻译、内容分析等工作。另外，在进行教学时，为了潜移默化地优化语言表达力，需要教师合理设计课后作业，使学生能够将课程内容与生活实际联系起来，形成良好的语文综合素养。但部分教师在进行教学设计时，对教学内容连贯性重视程度不高，需要教师在教学前设计教学总体构架，并按照教学要求进行引导教学，使教学具有优化语言表达力的意义。

四、激发开拓创新力

创新是一个民族的希望，是社会文明的象征，随着社会经济的不断发展，教育的创新起到引领示范的作用。为了推动我国教育事业发展，教育部制定了各级教育发展规划，对教学改革发展进行了科学规划，这一工作将推动社会经济发展，进而促进人才发展，带动文化、社会发展。高校承担着创新型人才培养的重任，需要在学科教育教学中实施创新工程，以科技创新人才培养为主，对学生进行素质教育，提高教学的有效性。当高校在进行语文教育时，为了提高教学工作有效性，需要按照教育要求设计教学工作，达到培养学生创新能力的目的。在对语文教学进行设计时，可以应用问题教学法设计教学内容。例如，在具体教学过程中，教师可以先带领学生分析文本情感，并向学生提出与教学内容有关的问题，激发学生的创造性思维。另外，在教学中营造创新氛围能够进一步提高学生的学习积极性，并培养学生的创新能力，为之后的学习工作奠定良好的基础。

在高校阶段进行语文素质教育，能够激发学生的学习潜能，并使学生提高创新能力，形成全面发展型人才。高校教育的主要任务是提高学生的创新能力、实践能力，使学生能够满足时代发展的需求。为了达到这一目标，需要将培养创新能力工作放在重要位置，并整理教学内容。例如在教学的过程中，教师需要引导学生思考解决问题的方法，使学生能够形成创造环境和解决问题的能力，推动学生形成完善的人格，达到素质教育的目的。在语文教学时，为了能够进一步提高创新能力，需要教师使用新的教学手段、教学方法进行教学工作。为了全面提高综合素养，需要增加人文艺术知识，了解思想家的智慧、人文知识、自然景物等内容，促进学生思维能力发展。另外，语文课程内容形式具有多样化的特点，并且形式类型较为丰富，学生在学习时，能够形成较为完善的形象思维，提高教学有效性，并激发开拓创新能力。

  语文教学中，由于学生的创新能力存在差异，导致教学工作难以稳定运行，为了改善这一现状，需要教师在教学时引导学生分析作者的思维成果，并以作者的思维方式进行思考，提高教学的有效性。另外，为了使教学达到激发开拓创新能力的目的，需要教师在教学前对文本内容进行全方位的审视，并将自身作为发现者、研究者了解文章内涵，在教学时教师需要带领学生进行课程内涵分析工作，潜移默化地影响学生的思维能力，进一步提高教学的有效性。教师在设计教案前对学生的实际学习情况进行分析，并选择合适的文本引入教学，带领学生分析教材中的思想情感，逐渐形成较为完善的课程内容，使学生提高学习兴趣，并激发开拓创新能力，达到语文教学的目的，推动学生进一步提高语文综合素养。在教学中，教师在教学时需要按照相关教学标准、课改需求设计教学形式，推动教学工作进一步完善，并达到激发学生开拓创新能力的目的。

五、丰富人文知识素养

人文素养中的"人文",可以作为"人文科学"进行分析(如政治学、经济学、法学、社会学、伦理道德等),而"素养"是由"能力要素"和"精神要素"组合而成的,进而可以了解到人文素养即人文科学的研究能力、知识水平和人文科学体现出来的以人为中心的精神,即人文知识对人的熏陶感染经过个人内化升华后所表现出来的人格、气质及修养。语文教育是我国民族文化的载体,高校学生通过学习,可以陶冶情操、感悟人生、丰富感情、完善人格,促进人文素养的形成与发展。

由于高校学生是推动社会发展的重要力量,为了提高教学工作的有效性,需要对语文教学工作进行优化,把教学重点放在学生人格、气质、修养的培养上,并通过优秀作品潜移默化地影响学生的个人素养,形成良好的个人品质,为今后的工作、学习奠定良好的基础。但由于教材版本不同,其中的结构设计存在一定的差异,需要教师在设计教学内容时注重中华优秀传统文化的传播,并将这一内容与教学工作进行有机融合,使学生能够在语文学习中形成相对稳定的内在品格,激发学生的爱国情怀。例如,高校可以定期开展教学讨论会议,教师共同对教学内容进行整理,并在其中融入适当的传统文化;在教学时教师可以为学生多讲解一些经典的文学名著,开阔学生视野,提高教学效率,使语文教学具有丰富人文知识素养的意义。

由于教学氛围对学生学习积极性有一定的影响,为了能够进一步提高教学科学性,需要教师在设计教学内容时将文学、哲学、历史、宗教、文化、思想道德等内容融入其中,并对教学结构进行优化调整,使教学工作具有培养学生道德素养的作用,并在潜移默化中提高学生的民族自尊心和文化自豪感。部分古代文学作品具有较高的精神品格和理想，为了使教学工作达到丰富人文知识素养的目的，需要在教学中加强古代文学的教学，因为非中文专业学生的古代汉语知识相对欠缺。例如，在教学中教师可以将《典论·论文》《左传·襄公一十四年》等具有高尚理想的文学作品融入教学工作，进一步提高教学效率，发挥语文教学开展的意义。现代文学中同样有许多人文素养极高的文学家，如鲁迅、郭沫若、茅盾、巴金、老舍、曹禺等，他们的作品是人文素养教育不可多得的典范。还有部分当代作品展示了社会中的矛盾与人文知识，进而为了丰富教学内容需要教师在设计教学内容时将这部分文学作品融入其中，使学生在学习时能够进一步提高人文知识素养能力。

由于高校阶段进行语文教学工作具有德育功能，学生能够通过相关文本了解文章中的价值观、人生观等，教师在这一阶段可以对学生进行适当的引导，使其树立正确的信念，形成丰富的精神世界。实践证明，空洞的政治说教是苍白无力的，潜移默化的精神感化犹如春风化雨、润物无声，而繁花似锦。另外，在教学中为了发挥丰富人文知识素养的作用，需要有针对性地选择教材内容，例如，教师可以选择《离骚》《苏武传》等内容对学生进行爱国主义教育，学生在接受教育之后能够丰富人文知识素养，促进其提高道德修养。并且由于语文教材具有理想情操教育的能力，在教学中教师选择适当的内容能够帮助学生树立正确的人生观，并提高为人处世能力。高校阶段的语文教学还需要对学生进行语文基础教育，提高学生的语文综合能力，但由于部分高校教师对这一工作的重视程度不高，甚至没有合理设计教学内容，导致教学工作难以丰富人文知识素养，为了改善这一现状，需要教师合理选择文本内容，并帮助学生自主思考自身的不足，弥补缺陷，扎实基础，完善知识，提高素质。

第四节　语文教学的基本理念

所谓理念，是指人们观察问题、分析问题和解决问题所依据的原理和观念，或者说是原则和准则。语文教学的理念就是语文教学活动的指导思想和行为准则。

由教育部印发的《义务教育语文课程标准》（2011年版）中关于语文课程的基本理念有四方面的要求：一是要全面提高学生的语文素养，二是要正确把握语文教育的特点，三是要积极倡导自主、合作、探究的学习方式，四是要努力建设开放而有活力的语文课程。根据这四点要求，我们把语文教学的理念概括为三点：人文关怀是语文教学的最高价值追求；个性发展是语文教学的根本指针；回归生活是语文教学的必然途径。

一、语文教育的人文关怀

语文教育要促进个体的身心和谐发展，要使个体的发展过程获得精神上的价值和人生上的意义。也就是说，个体通过在语言上的学习和训练，文学上的熏陶和习染，不仅要获得各种知识和技能，还要体验到各种深刻的人类情感，唤起自身的主体意识，从而追问人生的意义，探询人生的道路，形成独特的人生态度。我们把语文教育的这种功能称为语文教育的人文关怀。

语文教育目标是整个基础教育目标的有机组成部分，对于培养德智体美劳全面发展的社会主义建设者和接班人具有重要的导向作用。语文作为一种兼具人文性和工具性的综合性学科，在人的发展过程中起着核心性的决定作用。同其他学科相比，语文教育除了要完成一般学科必须共同承担的智育任务之外，还要密切关注审美教育、人生观教育与人格教育，并以此作为自己的最高价值追求。语文学科这种人文关怀的功能是标示其学科独特性的根本要素，也是语文教育目标的最高追求。我们把语文教育的人文关怀功能提到这么高的位置，一方面取决于对语文学科性质的深刻洞察，另一方面取决于对人的最终发展目标的深刻认识。人的发展的最高境界是精神上的自由和解放、人格上的完善与独立，而所有为此目的所进行的知识的学习、技能的训练、能力的获得及社会生活的实践等工具性行为都必须服从这一最高目的。要实现人作为发展手段的工具价值到作为发展目的的精神价值的飞跃，必须通过人文教育的洗礼。在现行基础教育体制中，语文教育只有自觉地承担起人文教育这一历史使命，把人文教育贯穿到整个语文教育过程中，关注人的精神世界的构建和人格的养成，才能为人的全面发展开辟道路。

（一）语文教育的人文精神价值

人文精神不是徜徉在语文教育本体之外的美丽动人的幻影，而是发自语文文本之中的人性之光。它飘忽不定、难以捉摸，是因为它只对那些敏感睿智、关注内心精神生活的心灵展现自己的魅力。它至刚至大、吐纳宇宙，是因为它超然于万物，寄身于纯真、至善、完美之境。

语文教育的人文价值，从静态的文本分析来看，文学与人生的关系是它的集中体现。

吴宓教授指出哲学是汽化的人生，诗是液化的人生，小说是固化的人生，戏剧是爆炸的人生。① 文学与人生这种水乳交融、血肉一体的内在联系，使文学成为人生的另一种存在，尽管它不是社会现实自身，却比社会现实更加真实、深刻、感人。人们更多的是从文学艺术创作这面镜子中发现并认识了人自身，因此，文学就是人学。

---

① 吴宓.文学与人生［M］.北京：清华大学出版社，1993.

文学把人的精神不断地引向光明和崇高，是文学在维护着人类那脆弱的社会良知和道德心，也是文学在不断地拓展着感性人生的丰富性与多元性，捍卫着人类理性的尊严和纯洁。因此，语文教育一定要重视文学作品的人文教育价值，把语文教育从工具中心论中解救出来，还其人文教育的本来面目。

语文教育的人文价值，从动态的教学过程来看，其人文性主要体现在师生关系的民主性、文本解读的多元性、写作训练的生活化上。只有以民主化的师生关系作为教学的前提，才能充分激发调动师生双方的积极性，使语文教学充满生命的张力，从而对文本展开开放性、多元化、个性化的阐释，释放出文学作品中深层的人性力量，引发情感上的共鸣，启迪思想上的解悟。

（二）语文教育目标的人文追求

语文教育成为人文精神之载体。因此，人文关怀理应成为语文教育之鹄的。语文教育目标是一个有机的整体，按现在比较流行的观点来看，它由德育目标、智育目标、美育目标三部分构成，而这三个目标之内又有更细致的分目标。人文关怀同它们之间是一种什么关系呢？这是我们应该解决的根本问题。

人文关怀作为语文教育的最高目标，它不等同于技术操作层面的教学要求，而是着眼于语文教育根本性的价值导向。也就是说，人文关怀与现行的语文教育目标体系不属于同一层面的问题。前者植根于语文教育本体论，后者立足于语文教育方法论，前者制约语文教育的根本价值取向，后者决定语文教育实践的进程与开展。因此，人文关怀不可能以技术化、操作化的方式单独地起作用，它只能以精神导引的方式进入语文教育目标体系，通过影响语文教育目标系统的内在调节与协作间接地发挥作用。

坚持语文教育的人文精神的价值取向，那么，语文教育的德育目标除了重视传统的政治品质、思想品质、道德品质、个体心理品质等发展目标之外，还要关注人的主体性发展、人格的完善、精神生活的和谐。在智育目标上，除了重视传统的知识、能力、智力发展之外，还要注意智力与非智力因素的协调发展、情感陶冶与生命体验。在美育目标上，除重视传统的审美知识、审美能力的发展目标之外，还要尊重个体的审美经验、审美感受，激励个体的审美想象、审美创造以及倡导对人生的审美观照、对人格的审美塑造。也就是说，人文关怀是一切语文教育手段与工具的灵魂，人的精神发展是所有操作性目标的最终归宿。

语文教育人文关怀目标不是空洞的口号，它既具有悠久的精神价值传统，又具有生动具体的时代内涵。作为一种优良的文化传统，它孕育了生生不息的人类文明；作为一种新兴的社会思潮，它发出了振聋发聩的时代呼声。吴宓提出的文学教育八方面的作用，可以作为传统语文教育人文关怀目标的历史性总结：涵养心性、培植道德、通晓人情、洞悉世事，表现国民性，增长爱国心，确定政策，转移风俗，造成大同世界，促进真正文明。[①] 面对21世纪风起云涌的社会变革，人文精神的时代风貌也将经历时代性的变换。

英格尔斯提出现代人应具备的14个特征，归纳起来主要有三方面：第一，现代人具有开放性，乐于接受新事物。他们准备和乐于接受他们未经历过的新的生活经验、新的思想观念，接受社会的改革和变化。他们思路开阔，头脑开放，尊重并考虑各方面不同的意见和看法。第二，现代人具有自主性、进取性和创造性。他们注重现在和未来，守时惜时。他们有强烈的个人效能感，对人和社会的能力充满信心，办事讲求效率。他们尊重事实和验证，注意科学实验，认真探索未知领域，不固执己见。第三，现代人对社会有责任感，能正确对待别人和自己。他们能相互理解，能自尊并尊重别人。他们有可依赖性和信任感，不相信命运不可改变，而认为依靠社会力量能使人生活得更好。语文教育的人

---

① 吴宓.文学与人生[M].北京：清华大学出版社，1993.

文性应着眼于新世纪创业者人文素养的培植。我们把新时代的人文精神的内涵概括为以下八方面：人格健康、高创造力、主体意识、求实求真、乐于竞争与善于合作、个性和谐、乐观开放、热爱生活。这八方面是新价值观的具体体现，也是未来人才培养的方向和标准。以此为基础，语文教育的人文价值应包含以下四方面：

（1）引导学生走近生活、观察社会、体悟人生。帮助他们形成乐观开放、乐于竞争与合作的人生态度。

（2）培养学生的人文品质，继承民族文化传统，汲取现代文化精髓，奠定文化底蕴。

（3）陶冶学生的情操，启迪学生的悟性，培养学生的批判思维和创造思维，形成健全独立的人格。

（4）培养学生的主体意识，确立学生在教学过程中的主体地位，发挥学生学习的主动性、能动性与创造性。

（三）人文意蕴的开掘

语文教育中人文价值目标的最终实现取决于语文教育实践的正确走向。从语文教育过程的展开来看，选择文质兼美的教材，加强语文教学过程的审美性，立足现实生活，激发学生的自我表现与表达，是开掘语文教育人文价值的有效途径。是否符合文质兼美的标准，是制约语文教育人文关怀目标实现与否的关键因素。选文是否具有深刻的思想文化内涵、广阔的文学视野、浓郁的人文情怀，直接决定着语文教育人文性的深度、广度和力度。桃李不言，下自成蹊。文质兼美的选文作为人文精神最好的寄寓之所，对于培养学生的人文精神具有本源性的决定作用。

我们认为，文质兼美应包含以下五层基本含义。

1. 文道兼美，一多并举

我们不仅要求选文的思想内容与语言表达做到有机统一，还要求选文在思想内容上具有深刻的文化意义、人文意蕴和审美价值，在语言表达上生动准确、隽永晓畅、富有个性。这样的文道观对于语文教材的选文标准才具有真正的实际意义。

文道兼美的选文标准，并不意味着把文道关系限定在狭窄的意识形态、伦理道德和正统文论的域界，而是应该"一多并举"。从"道"的标准来讲，"一"指的是教材选文应体现人类所崇尚的以真善美为代表的终极精神价值；"多"指的是选文要体现人类思想文化的丰富性、多元性、开放性。我们应以一种博大的文化胸襟和高远的发展眼光来看待文章的思想文化内涵，切忌鼠目寸光、意识狭窄。在选文中，既要有传统的政治伦理教化内容，也要有体现人类普遍的精神价值追求的内容；既要有以明道为旨归的皇皇之论，也要有抒发个人性灵的小品佳作。从"文"的标准来看，"一"指的是选文的语言表达，必须规范、准确，具有代表性、示范性，思想内涵必须源于生活、积极向上；"多"则是强调语言艺术特色的多样化、个性化和风格化，文化内容的开放化、立体化、层次化。唯其文思泉涌、灿烂其华，方能风行水上、自然成文、行而广远，也只有放眼宇宙、博采万物之精华，才能广开眼界、启人心智、有益身心。

2. 内外兼顾，和谐统一

教材选文，作为语言学习与文化陶冶的范本，应具有内外两方面的价值，或曰本体价值与工具价值，即精神陶冶价值和语言教育价值。只有做到这两种价值的有机统一，才能体现文质兼美的全面要求。选文的语言教育价值体现在对学生听说读写等基本语文能力的培养上，而精神陶冶价值则立足于学生的精神发展、人格完善上。这两者是相辅相成、互为依存的。因为，从文章本身的统一性来看，语言因素与思想因素是水乳交融、不可分割的。没有思想的语言表达没有实际意义，脱离了语言轨道，人的思想同样难以表达。从学生语文学习过程的综合性、复杂性来看，学生的语言发展同思维发展、思想成熟、精神成长有内在统一性。它们之间相互影响、相互作用，和谐共存、共同发展。脱离思想教育、精神陶冶的语言训练会使语文教育变得枯燥乏味、机械生硬；而脱离语言训练的思想教育同样会把语文教育变成迂腐的道德说教、政治灌输。因此，选文的这两种价值标准不可偏颇，应当兼顾。

3. 兼顾选文内外价值的和谐统一

除了独具慧眼外，还要具备科学的编辑加工能力。选文的编排、教材体例的选择、语文知识的穿插、课后作业的设计等环节，都应该体现选文内外教育价值的统一。既要避免唯知识智能训练为中心，也要防止唯主题思想分析推理至上。教材的编辑加工向来不被重视，只被看作是一种技术性的工作。其实这是一种错误的看法。它是展开语文教育价值、实现语文教育目标的重要途径，它需要以正确的哲学观、教育观、心理观为指导，以语文教育的内在规律、师生相互作用的互动模式作为依据，并要对语文知识掌握、能力发展与精神发展的内在统一关系有深刻的洞察与理解。它既需要有哲学的眼光，又需要有科学的程序，还需要有艺术的手法。从选文到编排，从封面到插图，从设计到印刷，所有步骤都关系到教材的质量和生命。因此，文质兼美不只是一种对文本的内在要求，还是一种指导具体编辑工作的根本原则。

4. 开放思维，审美观照

人文精神从某种意义上讲又可以理解为人类对真善美孜孜不倦的价值追

求。因为真善美代表了人类精神的最高境界。这种追求不仅包括对知识形态的科学、道德、美学领域的探索，它还指向人类在获取这些知识的过程中所孕育滋生出来的科学精神、道德意识和审美体验。其中，审美体验不仅具有相对独立的价值意蕴，还是科学精神与道德意识所追求的最高境界。美存在于自然之中，而科学的发现，不仅要指向知识，还要关注审美体验。在道德与审美的关系上，审美同样是道德境界的需求。古人强调"文以载道""文以明道"，其用意也在于此。只有把抽象的道德规范和理念渗透到由文学语言所塑造的美好的道德理想人格形象中，才能使个体获得道德实践的驱动力。审美是沟通知识和德行的桥梁，是培植人文精神的必由之路。语文教育要走向人文关怀，就必须通过开掘隐含在文本中的真善美精神价值以唤醒激励学生的求知、向善、爱美之心，通过审美教育塑造他们的人文精神。

5. 语文教育的审美观照，尤以阅读教学为重

语文阅读活动中的审美教育是美学在阅读活动中的具体应用。它的任务和作用是按照美的规律，用美的信息去激发、引导阅读活动的主体——学生的审美心理和情感，培养学生符合人类崇高理想的审美意识，帮助学生获得健美的心灵和高尚的审美情趣，使他们在开放的语文阅读活动过程中逐步形成正确的审美观念和健康的审美品质，把握辨真伪、识善恶、分美丑的正确的审美，提高学生的审美素质和审美能力，以培养全面发展的人。语文阅读活动与审美教育有着难解难分、血脉相承的特别关系。加强审美教育有助于提高语文阅读质量，深化语文阅读效果。语文教材编选的课文，大都是依照美的法则创造出来的"文质兼美"的典范佳作，是集中反映社会、艺术、科学、语言等客观美的结晶。文章精美的语言，展示出崇高的美的艺术境界，而好的艺术境界本身，又丰富并加强了语言的艺术表现力。在阅读活动中，一方面可以抓住精彩传神

的关键性字词语句，把学生引进它所展示的优美境界，使他们在美的艺术享受中受到熏陶，提高审美能力。另一方面，又可以抓住令人心灵颤动的意象、情境和形象，引导学生深入体味、领悟文章中高超的语言艺术技巧，提高运用语言表情达意的能力。语文教师要充分利用文章的美学意境，创设审美情境，善于敏锐地发掘文章中的美点，揭示深蕴其中的审美情趣；要善于借助审美意象，启发学生的审美想象，根据文本的特点设计审美议题，以诱发学生的审美体验；还要确定审美目标，指导学生展开审美鉴赏活动。调动各种手段，把学生引入美的艺术境界，诱发学生联想探求，观察体验，既对学生进行了审美教育，又把审美教育和语文阅读活动有机交融，使学生深入理解了课文，提高了阅读效果和质量。在这种活动中，教师要从各种不同的审美角度、不同的审美层面引导学生深入地分析和理解。这样既可以使学生受到审美教育，又有助于学生对课文从表层性的体味感知到深层性的领悟理解。

二、语文教育的个性发展

（一）语文教育个性发展的内涵

人的发展的核心是个性的和谐发展。语文教育在学生的良好个性的形成与发展中扮演着主导性角色。传统语文教育在这方面存在着一定的缺陷，没有认识到语文教育对个性培养的重要意义，在教育理念和实践中都陷入了机械化的教育模式，过分追求语文教育的应试价值，忽视了语文教育在个性培养方面的积极作用。

斗转星移，教育日新，放眼海内外，个性教育已成为世界教育改革所关注的重大主题。"儿童中心教育学"认为，"每个儿童有其独特的特性、兴趣、能力和学习需要"，儿童之间存在差异是"正常的"。因此，学习必须据此来适应儿童的需要，而不是儿童去适应预先规定的、有关学习过程的速度和性质的假设，儿童中心教育学有益于所有的学生，其结果将有益于作为整体的社会。

我们认为，"儿童中心教育学"概念的重申，表明国际社会在宏观的教育理念和教育政策上确立起了个性发展的方向。怎样理解个性发展？

1. 个性是完整的，创造力、想象力等品质是个性健全发展的表现

把一个人在体力、智力、情绪、伦理各方面的因素综合起来，使他成为一个完整的人，这就是对教育基本目的的一个广义的界说。因此，个性是道德、体力、智力、审美意识、敏感性、精神价值等品质的综合，是一种"复合体"，即一个个完整的人，不能把某一种或某几种品质从完整的人分离出来孤立地培养。所以，为了培养人的想象力和创造力应首先培养"自由的人"，这应该向青少年提供一切可能的美学、艺术、体育、科学、文化和社会方面的发现和实验机会，而不应该局限于短视的功利需求。

2. 个性是独立的、具体的、特殊的

尽管个性发展离不开与他人交往，但每一个性都首先具有内在的独立性。每个人都有其独特的发展史，因此每个人都是具体的、特殊的、活生生的。

每个人都有自己的历史，这个历史是不能和任何人的历史混淆的。每个人都有自己的个性，这种个性随着年龄的增长而越来越被一个由许多因素组成的复合体所决定。这个复合体是由生物的、生理的、地理的、社会的、经济的、文化的和职业的因素所组成的。

3. 个性发展内在地包含了社会性的发展，每个人的发展必然带来整个社会的发展

把个性发展与社会性发展、每个人的发展与整个社会的发展孤立起来、对

立起来或并列起来,都是二元论思维方式的产物,都不能正确理解个性发展的本质。

4.个性发展是一个无止境的完善过程

人和其他生物的一个重要区别是人的"未完成性",即是说人的生存是一个无止境的完善过程和学习过程。终身学习不只是社会要求,还有着个性发展的内在需求。由此看来,追求学习者的个性发展是世界教育改革或课程变革的重要趋势。从本原上看,每一个性都是完整的,亦是独立的、具体的、特殊的。因此,培养个性应尊重个性的完整性、独立性。个性发展内在包含了社会性,因此个性的成长是在生活中、在持续的社会交往中进行的。个性发展是无止境的完善过程,因此终身学习应成为每个人的内在需求。在我国,当代教育改革也在20世纪80年代后期把个性培养列为教育的主题与使命之一。把发展人的个性作为教育的培养目标,因为教育在今天只有赢得了个性和个性发展,才能赢得社会发展的未来。个性教育,就是真正的、具体的、独特的人的教育,就是使一个生物意义上的实体不仅是获得社会性、文化性,更是获得自身独特性、自我确认性的过程。因此,语文教育凭借其自身的人文学科优势理应成为个性教育的核心,发挥中流砥柱的作用。

(二)语文个性教育的作用

1.语文个性教育的价值追求

语文个性教育的价值观是语文教育功能观的直接反映。汉语文教育有其独特的功能和价值,其功能和价值又具有多层次复合性。

功利本位与人文本位是最能概括当前各种对立观点的一对范畴。功利本位论强调把语文教育的功利性放在首要地位,把学生对汉语的听说读写水平和能力作为语文教育追求的根本目的,突出语文教育的工具价值。在此前提下,他们一般不反对语文教育的人文价值,甚至也十分强调语文教育的教化作用。人文本位论则认为语文教育的最大功用在于教化,最大价值在于弘扬人类和民族的优秀文化传统和人文精神,培养学生健康的人格。在此前提下,他们一般也不反对语文教育的工具追求和工具价值,甚至认为人类精神传递的前提是对语言文字工具的掌握。

汉语文教育的特点决定了汉语文教育绝非单功能,而是复合功能。所谓复合功能,就是将语文教育的各种功能有机地整合为一体的功能。语文教育的复合功能由两大类要素组成,即由工具性要素和人文性要素组成为复合功能球形图,两类要素组合不存在孰先孰后、孰上孰下的问题。

工具性要素的主要内涵是:听说读写、知识方法、思维。人文性要素的主要内涵是:情思、审美、伦理、历史文化。工具性要素和人文性要素之所以能够合二为一,关键在于中介要素的作用,中介要素就是汉字和汉文,其作用就是语文教育过程。通过汉字汉语的教育,使要素之内涵发生联动和整合,使两大类要素产生有机连接和整合。汉语文教育的复合功能是一个有机的、开放的组合系统,是一种弹性机制,它在信息交换过程中不断地做出自己的选择和应对,系统也会因此发生相应的变化。汉语文教育的复合功能铸就了我国民族文化特性,发挥了全面综合的素质教育作用。汉语文的复合功能观念对于语文个性教育价值观的构建起了决定性的作用。语文个性教育的核心就是要通过语文教育促进学生的个性和谐健康发展。它打破了以往单功能观的狭隘视野,把语文教育置于一个更为广阔互动的历史文化背景之中,突出强调了语文功利性价值与人文性价值之间互为依存、相辅相成的血脉一体的内在联系,从而为人的个性发展铺就了一条更为切实、明确、广远的通道。

语文教育的多功能整合观很好地协调了语文教育的工具性价值和人文性价

值、内在价值与外在价值，把个性教育与社会需求有机地结合起来，这对于培养符合社会需要的良好个性品质起到了积极的促进作用。因此，多功能复合的语文教育价值观是语文个性教育的重要理论基石，在当代具有重要的现实意义。在 21 世纪，语文个性教育的价值追求表现在受教育者的素质规格上就是要重视个人的自由发展，尤其是人格的健康成长。这一点具有世界性、终极性意义。通过教育，尤其是以人文性为核心特征的语文教育，重塑现代人的人格精神，是促使社会和个人协调发展、可持续发展的重要基础。

2. 语文个性教育在个体人格的塑造方面应发挥积极的作用

通过对自身的人文价值、文化底蕴、思想内涵的充分释放和展开，为个体的精神发展、人格形成创设一个良好的成长环境。语文个性教育在人格塑造方面要坚持以下三方面的价值追求。

第一，重塑人格基础，由关注知识技能转向关注个性整体发展，并主要关注精神世界的构建。语文教育要重塑人格的基础，必须正视这一现实，努力扭转这种不良局面与风气，重新把语文教育的重心放在对个性人格的塑造与培养上。要实现语文教育的根本价值，促进个性的和谐发展与人格的健康成长，必须做到两个转变。从理论上要转变对语文教育本体价值的认识，树立起牢固的多功能复合价值观，真正理解汉语文本体的质的规定对语文教育多功能复合价值观的内在的决定作用。在实践上要处理好语文知识技能，掌握与文学熏陶、精神启迪、审美体验等隐性因素的关系，使前后两种因素相互联系、相互支持、相互转化。一方面把语文知识、技能因素融入个体精神活动、人格意识、行为模式的整体，使其有所附加。另一方面，则把个体的精神世界建构在牢固的语文知识技能上，为个性的发展打下坚实的语文基础和文化根基。

第二，重塑人格形成机制，由关注教学目标转向关注教育目的，将人文关怀贯彻到教学实践中去。现在的语文教学过分追求教学目标的细目化、可操作性、确定性、完整性等行为性标准，相对忽视了情感性、体验性、审美性、情境性等隐性目标。这种目标教学的偏颇在应试教育模式中表现得尤其突出，忽视了学生的主动性和创造性。我们知道，语文教育的目的着眼于个性的全面和谐发展，尤其是个体人格与精神的发展。它是整个语文教育的立足点，也是归宿，对于具体的教学实践具有终极性的决定意义与规范价值。语文教学目标则是为了便于实践操作而从教育目的中分化出来的，它对加强语文教学的程序性、规范化具有实际的指导作用。但是，这并不意味着在教学实践中按部就班地完成了各种具体的教学目标就能够达到教育目的的要求。按照教学系统论的观点，教育目的的内涵要高于各种具体教学目标。因此，个体个性的自由、充分的发展，精神世界的积极构建，既要以教学目标的实现为基础和媒介，又要超越其上，对其进行积极的转化、扬弃和提升，使其获得个性的特征、人格的意义。各种语文教学目标所规定的知识、技能、思想、文化等学习内容，必须通过个体自我意识的同化，顺应的整合、行为模式的内化与外现的转化，才可能真正地变成个性的有机组成部分。这一过程的实现，一方面要以各种具体语文教学目标的实现为前提，另一方面要借助特定的教育环境，通过个体的自我教育、自我发展、自我提升来实现。教育环境除了课堂学习，更重要的是心理氛围、情景诱导、教师的人格魅力及教学活动的潜在影响等隐性因素。因此，语文教育要重塑人格养成机制，必须标本兼治、内外双修，为个性的和谐发展创设良好的教育环境。

　　第三，重塑人格境界，由"功利人生"的定位提升到"审美人生"的设计。应试教育以其功利主义价值取向为主，忽视了语文教育的审美价值，把文学教育驱逐出语文课堂。语文教育要重塑人格境界，必须加强审美教育。因为只有审美教育，才能为个性的精神世界创造一个超越功利的自由发展空间，才能使个体认识到人生就是一件弥足珍贵的艺术品，从而唤醒他们热爱美、向往美、创造美的美好情感。因此，语文教育只有成为审美教育的过程，才可能充分释放汉语言文字及文学作品中的美感，把学生的精神引向纯净、高尚、理想之境。

（三）语文个性教育的实践走向

语文个性教育价值观的确立为语文个性教育实践指明了方向。语文教育在教学实践中应始终坚持以个性的和谐发展、人格的健康成长为指针。个性的发展、人格的形成是多方面、多层次、多方位的，其中创造性是核心因素。从某种意义上说，个性教育就是创新教育或创造性教育。我们知道，个性的独特性是个性得以确立的根本依据，个性教育就是要立足于客观存在的学生的个别差异，通过因材施教，充分调动每个学生的积极性、主动性、创造性，让每个人都体会到成功的快乐，体验到作为学习主体的自主感、成就感，从而释放每个人的学习热情和创造能量，培养出个性鲜明、朝气蓬勃、积极进取、勇于创新的社会主体。只有承认学生的个性差异和客观事物的多元性，才能真正地培养出学生的创造性。因此，个性教育必定是创新教育，而创新教育又是促进个性发展的关键因素。语文教育多功能复合价值观决定了语文创新教育内涵的丰富性、多元性。一方面，作为工具学科，语文教育对培养学生独特的个人语言表达能力、语言风格具有促进作用。另一方面，作为人文学科，语文教育对培养学生独特的人格精神、审美意趣、道德素养又具有重要意义。因此，语文个性教育的创造性就是要培养学生良好的语感、独特的语言风格、语文思维的创造性以及积极向上的创造性人格。

1. 语感教学与语言风格的养成

一个人的语言往往就是他的精神世界的表征。尤其是以文字为表达手段的书面语，更能较系统、全面、深刻地反映一个人的文化修养、价值取向、审美趣味以及精神追求。而语言风格又是标示一个人语言独特性的重要因素，它是一个人的符号化外貌。语言风格的形成有赖于个体语言的积累与语感生成，良好语感的获得是形成个人语言风格的根本前提。因此，语感教育是语文创新教育的重要内容。

2. 语感的性质及语感教学

什么是语感？语感是一种修养，是在长期的规范语言应用和训练中养成的一种对语言文字（包括口头语言、书面语言）比较直接、迅速、灵敏的领会和感悟能力。它具有敏锐性、直觉性、完整性、联想性、体验性。语感虽然具有模糊性、会意性等非理性化的特点，但可以将它做科学的、辩证的分解，分项确定其训练目标。从大处看，语感可以分为听感、说感、读感、写感。从语文理解的过程及方式的角度来看，一个人的语感能力大致可以分解为相互关联的两种判断力：一是对语言对象在语言知识方面的判断能力，包括语音感、语义感、语法感和语气感，这是直觉性语感。二是对语言对象在内容上真伪、是非与形式上美丑的判断能力，它包括思想观念、情感意志、人格状态、审美鉴赏等，这是理解性语感。老一代语文学家把语感和语感教学看作是语文教学的本质和核心，是语文教学的最终目的。

3. 语感训练的途径和方法

语感之"感"源于所感之"语"。它是客观语言对象对人的语言器官长期雕琢、不断积淀的结果。因此，要培养准确、敏捷的语感必须注重语言的积累，加强语感的实践训练。

第一，培养学生对字词的感受力。要做到有效的语言积累，多看多记。多看，既看生活，又看书本。多记，就是要在理解的基础上背诵一定数量的名篇佳作。

第二，强调诵读。

第三，凭借生活经验获取语感。

第四，依靠对语言行为意义的感知。语感实际上是经由言语、通过言语又超越言语去感受语言使用者的内心情感和他的思维。

语感分析训练是提高语言感受力、加强语言意象积累的重要手段。语感的分析侧重是在对文本整体感性理解与把握的基础上，针对某些具有文学解读意味的句子或词语进行深层次的理性分析。语感分析最大的难点是把握语言的隐含信息、语言的自我表达。语言的自我表达能力是语文教学所要培养的重要技能，它集中地体现了个体的语言个性、创造性和独特风格。

语言表达能力的培养并不仅仅是一种简单的技能训练，它是同个性的思想发展、精神成长、人格追求紧密相关的。促进语言表达能力的发展，必须从促进个性精神和谐发展入手。自我表现是个性精神发展的一个重要方面，它对个体的语言表达能力的发展起决定性作用。激励学生勇于表现自我，敢于发表自己的见解，抒发自我的生活感悟，这是提高个体语言表达能力的重要原则。

（四）语文思维创造性培养

语文能力的核心是思维能力，思维能力的最高层次是创造性思维。创造性思维是一种具有开创意义的高智能的思维活动。它既具有一般的思维基本性质，又具有自身的独创性、突破性和新颖性。

语文学科作为基础教育中的基础学科，对培养学生的创新意识和创造能力具有决定性的意义。这也是深化语文教育改革、实施语文素质教育、实现语文教育个性化的关键。培养学生创造性思维能力的途径和方法主要有：

1. 立足个性差异，培养求异思维

由于每个学生先天遗传特质和后天所受的教育及经历不同，心理发展又不处于同一水平，思维能力便有较大的差异。所以，发展学生的创新能力，就必须承认学生的个性差异和客观事物的多元性。传统的语文教学往往忽视学生的个性差异，按照一种整齐划一的僵化模式对待个性迥异的学生。这不仅损害了学生的自主性和积极性，也抹杀了他们的创造欲望。因此，加强语文个性教育，就必须积极培养学生的求异思维，发展学生的个性，鼓励学生的创造性。

2. 深挖教材内蕴，积极诱导启发

学生作为学习的主体，对同一篇文章的感受是不同的。"一千个读者心目中就有一千个哈姆雷特。"因此，教学切忌求同过多，而应尽量引导学生用发散眼光，立体地、全方位地审视文章的立意、题材、结构和语言，尽可能地激发学生去感受体味、大胆想象，形成自己的独特见解。教师只有用全新的、多角度的眼光分析教材，才能开阔学生的视野，使他们运用与众不同的思维方式对问题进行分析、比较、抽象和概括。我们应鼓励学生去思考、去发现，从而在潜移默化中提高自己的鉴赏力、创造力。

3. 激发求知兴趣，鼓励创新精神

创造性思维能力的培养，是以激发求知兴趣为前提的。《论语》中有"不愤不启，不悱不发"的启发性教学原则。语文教学应坚持启发性原则，提问设疑，强烈刺激学生的学习情绪，活跃思维，使学生振奋起来，产生积极探求新知的欲望。激发学生的学习兴趣，关键在于精心设疑。问题是创新之源，疑问是探究思索的动因。在语文教学中，基础知识训练、阅读和写作等均可通过精心设疑来激发学生的学习兴趣和创新精神。

4. 丰富想象能力，捕捉直觉灵感

直觉思维是人脑对事物及其本质和规律做出迅速的识别、敏锐的观察、直接的理解和整体判断的思维过程，它是构成创造性思维活动的必要因素，培养创造性思维能力，就必须加强直觉思维能力的培养。

一要通过阅读教学，发展学生的想象力。二要加强朗读和进行语感训练。汉语重视语言主体的心理因素，强调直观感受。这种直观感受正是直觉思维力强的表现。加强朗读，进行语感训练，正是凭借阅读活动的经验直觉对言语做出敏锐感受，从而瞬时性地感知和领悟言语，是培养直觉体味语言的重要途径之一。三要创设情境，触发创新灵感。创设情境是触发创新灵感的有效手段。生活展示、实物演示、表演体会、音乐暗示等手段都是触发灵感的重要手段。在语文教学中应注意发挥这些因素的作用。

（五）创造性人格的养成

语文创新教育不仅仅是语文创新能力的培养问题，创新人才培养的最核心问题其实是自由精神的培植、创造性人格的养成。创造性与其说是一种能力，毋宁说是一种精神气质、人格倾向。自由精神是一个人创造力的灵魂，它体现在教育管理者、教师与学生三个层面。创新教育不仅要求学生做好知识、技能及思想上的准备，还要求教育管理者和教师具有开放的意识、民主的管理、勇于探索的精神，使创造性成为教育的一种自觉的价值追求。培养创造性的关键是教师要站在学术的前沿，切实了解社会的发展及学生发展的需要，灵活多变地调整自己的教学计划与教学设计，以激发学生的创造力为旨归。教师要通过设置特定的问题情境，让学生感受到问题的现实挑战，诱发他们克服困难的内驱力、意志力和人格信念，从而使创新教育与人格的发展联系起来。

语文个性教育要通过语言载体，充分挖掘依附其中的人文精神、价值意蕴，去引导学生求真、求善、求美，培植其主体性，鼓励其自由创造，真正把创造性教育与个性的人格发展融合起来，使创造教育获得持久稳定的内驱力。

三、语文教学的生活归属

面对信息社会、知识经济时代挑战的教育使命，课程脱离生活世界，学生缺乏承担社会义务的态度和参与社会实践的能力的现实，国内外一系列课程改革呼吁，把教育回归生活世界、培养社会实践能力作为强调的重点之一。

终身教育的宗旨是"四种基本学习"（即"四个知识支柱"）：学会认知、学会做事、学会共同生活、学会生存。

传统教育过分倚重"学会认知"，然而教育新概念应谋求"这四个'知识支柱'中的每一个应得到同等重视"，谋求这四者的整合。这四个支柱中，"学会做事""学会共同生活"和"学会生存"集中体现了教育、课程回归生活世界的发展取向。"学会做事"绝不只是熟练某些操作技能、学会某些重复不变的实践方法。

"学会做事"意味着要特别重视发展处理人际关系的能力，也就是说"人格智力"在知识经济时代具有特别重要的意义。"学会共同生活、学会与他人一起生活"，是信息社会对教育的又一挑战，因为日益发展的信息技术既便是人与人的交往，但也可能造成"地球村"里人的孤独和疏离。因此，教育应采取两种相互补充的方法，既要教学生逐步"发现他人"，懂得人类的多样性和差异性，又要通过从事一些社会公益活动而帮助学生寻找人类的共同基础。当人们"学会做事""学会共同生活"的时候，就能够在人类社会生活中"学会生存"。

教育在社会生活中的主体地位，指出"教育处于社会的核心位置"。认为教育是与家庭生活、社区环境、职业界、个人生活、社会传媒融为一体的，但教育并非被动适应纷繁复杂、良莠并蓄的社会生活，而要对社会进行主体参与式回归，要通过培养每个人的判断能力而对社会进行批判与超越。由此看来，回归生活世界是课程变革的重要趋势。回归生活世界的课程在目标上意味着培养在生活世界中会生存的人，即会做事、会与他人共同生活的人。

这种人既具有健全发展的自主性，善于自知，又具有健全发展的社会性，善于发现他人。回归生活世界的课程在内容上意味着要突破狭隘的科学世界的束缚，除了科学以外，艺术、道德、个人世界、自由的日常交往都是重要的课程资源，这些资源在教育价值上丝毫不亚于科学，而且只有当科学与这些资源整合起来的时候它才能在走向"完善的人"的心路历程上发挥作用。要秉持一种"课程生态学"的视野，寻求学校课程、家庭课程、社区课程之间的内在整合。

（一）语文教学必须贴近生活

语文是最重要的交际工具。语文是工具性极强的基础学科。它既是人们交际的工具、学习的工具、生活的工具，还是人类文化的重要组成部分、文明程度的标志、历史文化的结晶。在当代信息社会，语文能力更成为一个人获取、加工、输出信息，进行思维创新的重要工具。语文教学必须贴近生活，这是由社会生活所具有的独特的语文教育作用所决定的。

首先，丰富多彩的社会生活是语文课文的源头活水。语文课在学生面前打开了现实生活的一扇窗，通过它的选择和过滤，学生们可以自由地观察这个千变万化的世界，洞察生活的秘密，领悟人生的真谛。所以，生活是语文的来源，是学生学习的内容，语文教育不应忽视学生的自主发展对社会生活的内在需求。

其次，现实生活为学生的语言交际活动提供了直接经验的情境和基本的发展动力。儿童最初的语言能力是从现实生活中习得的。语言能力在某种程度上可以说就是一种基本的生活能力。现实生活为学生语言交往设置了特定的对话情境，激发了交流的欲望，使学生的语言交流能够获得一种持续的、稳定的内驱力。在生活中学生所进行的这种语言上的交流深刻地反映了个体语言学习的内在规律：语言学习需要特定的情境来提供背景信息的支持以创造交流的可能；同时，语言交流又必须是有所指的、定向的，交流的动力来自某种生活情境而产生的思想和思维上的碰撞或冲突。正是现实生活中所存在的各种矛盾、冲突和问题，才引发了学生语言交流的动机，促进了其思想的发展以及语言水平的提高。

所以，语文教学要重视生活情境在教学过程中的暗示、激励作用，为语言能力的发展铺设一个坚实的生活基础。

再次，语文的工具性决定了语文教学的生活化方向。语言作为理解的工具，不仅为个体与个体之间的思想情感交流创造了可能，提供了手段，而且在个体与历史、个体与传统之间架起了一座沟通的桥梁，个体通过它把历史与文化灌注进自己的精神生活和生命意识之中。历史和传统之所以能够进入当代并影响个人生活，就是由于语言的作用。

语文教育既要满足个体生活的工具性需要，又要关注个体精神生活的发展，在生活中沟通历史传统与现实，探索理想的人生价值，构建生命的终极意义。所以，语文教育必须贴近生活、关注生活。

（二）语文教学必须植根生活

学生语言学习的规律表现在三方面：一是语言的发展与思维的发展紧密相连、相辅相成，而思维的发展起源于动作与活动，是一种经验的建构过程。二是语言的习得必须借助特定的生活情境，语言能力不是一种抽象的形式，它必须包含实质性的生活经验与价值体验。三是语言的学习是实践性的，它的途径不应局限于课堂教学，而应面向生活实际，因为生活的变化对语言学习具有实质性的影响。这三个基本规律，基本上体现了语文教学与生活之间的密切联系。

认知心理学的研究成果已经证明，儿童的语言与思维的发展同儿童自身的动作与活动具有实质性的联系。从发展过程来看，人的思维的发展要经历动作思维、形象思维与抽象思维等阶段，个体在与环境相互作用的过程中思维能力不断地由低级阶段向高级阶段发展。在儿童思维发展的早期阶段，儿童自身的动作是沟通环境与主体之间意义联系的桥梁。儿童通过自身动作，在动作中进行思维，借助动作表达思维的成果，在成人的语言的引导下，儿童逐步把语音刺激与动作建立起稳定的联系，从而使思维获得了最初的语言表现形式。随着儿童动作的复杂化以及活动范围的日益扩大，儿童的形象思维开始发生，并不断地向前发展，形成抽象思维能力。儿童的语言能力也相应地从感性水平发展到理性水平。在这一过程中，儿童不断地修正所习得的概念，从而使语言能力不断地发展变化，逐步形成了一定的语感。教师要使学生所习得的语言获得实质性意义，具有经验上的价值，就必须加强语言学习与生活经验的联系，在生活的经验中使语言及概念获得稳定、准确、真实的意义，从而使个体的思维水平不断地由动作思维、形象思维向理性思维转化，不断地由即时性、联想性向推理性过渡，也就是说，生活经验在思想与语言之间架起了一座沟通的桥梁。因此，语言学习在本质上与生活相连，只有通过生活，并在生活中学习语言，才可能真正培养学生的听说读写能力，使其获得真正的发展。

语言学习必须借助一定的生活情境，才能形成积极有效的思想沟通。语言学习之所以需要一定的情境，是因为情境能创造语言交流的可能性，还可以提供语言交流所必需的背景信息，此外它又构成了语言交流的动力基础。学生掌握语言的过程其实是一种心理图式不断建构的过程，这种建构需要特定的生活情境提供发生的契机。在特定情境的诱发和激励下，个体才可能形成一定的问题意识和思维定向，促进思维的发生和发展。思维的过程其实就是概念的运算过程。因为生活情境变动不居，个体的思维活动就会处于不断的适应与调整状态。思维的适应与调整的过程，就是内部言语不断地生成、转化、运作、发展的过程。

从生活的发展变化对语言学习的影响来看，语文教学必须联系现实生活，使学生的语言发展获得源头活水，变得生气勃勃。语言系统相对于社会生活，是一个静止的、封闭的系统。社会生活不断发展，尤其是现代信息社会瞬息万变，必然对语言系统产生重要的影响，促使其做出相应的反应、调整和变化。除了语言学习自身的规律要求语文教学要生活化外，在语文教学中学生对各种文化知识的掌握、对价值观念的习得、对精神世界的探究等方面都要求学生具有深厚的生活经验作为基础。因为生活的切实经验不仅提供了各种学习的初步的感性知识基础，还孕育了学习的直接兴趣与心理动力，培植了学生基本的生活态度与价值观念。因此，生活化是语文教育走向深入的必然选择。

（三）语文教学必须聚焦生活

语文学科课程向生活化发展的方向，应该由原来的重视语文知识的教学转向对语文能力的培养，特别是对生活实践中运用语言能力的培养，这是编写语文教科书应掌握的重要原则。语文教材通过广泛取材、兼收并蓄、沙中淘金，成为社会生活的聚焦、人生智慧的结晶。在编写语文学科教材时，应充分拓展语文教材的生活价值、发展价值，处理好以下四个关系。

1. 处理好语文知识序列、个体心理发展序列和个体生活序列的关系

理想的语文教材应该是语文知识序列、个体心理发展序列与个体生活序列的有机统一。三者之间应是相互渗透、相互促进、相辅相成的关系。也就是说，语文教材的编写既要考虑语文知识的系统性、逻辑性和完整性，又要考虑学生心理发展的阶段性、递进性、反复性，还要考虑学生实际生活与社会生活的需要。

语文教育的一个根本任务就是要发展学生的语文能力，而学生语文能力的发展是同认知能力，尤其是思维能力的发展紧密相连的，而个体的思维能力的发展又具有普遍的序列性和规律性，即要经历动作思维、形象思维与抽象思维的过程。因此，学生语文能力的发展也必然具有一个基本的序列，这个序列理应成为我们设置语文知识与技能阶段性目标的依据，成为不同学段语文教材选文的标准。另外，学生的实际生活经验对语文的学习具有重要影响，不同年龄阶段的学生具有不同的亚文化特征，往往形成不同的生活经验序列。

我们应以学生的心理发展序列为基础，以学生的实际生活序列为指导，以语文知识的可接受性为标准，以语文能力的发展为目标，设计生活化的语文教材。

2. 要处理好阅读、写作与生活的关系

阅读和写作并不是一一对应的线性因果关系，而是由量变到质变的过程。阅读是学生感知、吸收、消化并理解语言材料的过程，它是写作的必要准备。因此要提高学生的写作能力，就必须扩大高校学生的阅读量，开阔学生的视野，使学生积累大量的语言材料，获得丰富的语感刺激，形成一定的思维能力。写作不仅需要学生的阅读能力，还需要以个体的生活感悟作为触媒或催化剂。否则，语言就失去了生命力与创造性，写作就会陷入痛苦的技术制作之中。学生只有通过对生活的独到的观察、切身的体悟、深刻的反思，才可能激活头脑中

已有的知识经验、事物形象和语言材料，才可能文思泉涌、下笔千言、一气呵成。因此，语文教材一方面要扩大信息量，加大阅读的力度，另一方面要设计一些引导学生观察社会、体验生活、思考人生的课堂语文活动，以激发学生写作的欲望，创造学生写作的契机。

3. 要处理好语文知识学习与语文能力发展的关系

语文课程生活化，意味着要在语文知识与语文能力之间架构生活化的桥梁，使语文知识的学习为语文生活能力的发展服务。学生语文能力的发展并不是单纯地由语文知识转化而来的，它还要借助个体的生活经验、语言交际的经验以及模仿他人语言的学习经验等多方面因素的支持和作用才可能获得发展。因此，语文课程生活化要在坚持语文知识基础地位的同时，加强对语文能力的训练，突出语文生活经验对语文能力发展的重要作用。

4. 要处理好文言文和白话文的关系

语文课程的生活化，要以白话为主体，但这并不意味着否定文言文的生活经验价值。文言文作为古典文化的载体，它是历史生活生动、逼真的写照，具有极其丰富的生活教育价值。因此，语文课程生活化不但不应排斥文言文教学，还要在适当的范围内加强它。

文言文内容的选取要充分尊重历史的真实性与现实性，不可以政治功利主义的眼光武断地、不负责任地对经典文献进行肆意地歪曲、附会与篡改，使文言典籍中的传统精神遭到肢解和割裂。文言文的教学要采取渗透原则。文言与白话之间存在着千丝万缕的内在联系，白话中有不少有生命力的文言，因此，在白话文中渗透文言文教学，不仅是可能的，而且是可行的。文言文教学要从现行的以语言文字的学习为中心的课程目标转化为以古典文化的学习为中心的课程目标，处理好语言与文化之间具有的既有机统一，又分主次本末的关系。

对于学生来讲文言文主要是认读经典的工具，对文言表达能力不做要求，因此，切不可以枯燥的古典语言文字学的要求和标准设计语文课程，以免误导学生对文言文的学习。

我们所追求的是使学生通过文言文的学习，获得基本文言阅读能力和对传统文化经典基本思想的掌握，并在学习过程中获得传统文化的陶冶、习染和精神的教育，而不是培养专门的古汉语文字学家。

第二章　语文教育教学方法的改革

由教育部2011年印发的《义务教育语文课程标准》（以下简称《语文课程标准》）内涵十分丰富，充满了改革的精神，洋溢着时代的气息，指明了我国中小学语文教育改革的方向，标志着我国语文课程的改革与建设进入了一个新的时期。时代呼唤语文教育改革，语文教学方法的改革也进入一个新时期。

第一节　语文教育改革的启示

时代呼唤语文教育改革。当人类跨入21世纪的时候，人们敏锐地感觉到新时代的气息。正如铁器和蒸汽机那样，计算机成为这个时代的标志性工具，互联网则是这个时代的平台，因而人们称这个时代为信息化社会。又因为，这个时代的发展不像农业社会和工业社会主要依靠土地、资本和能源，它更多的是依靠知识和信息的生产、发展、分配和应用来推动社会的发展，所以人们又称这个时代为知识经济时代。

面临着悄然到来的新的时代，作为为未来社会培养人才的教育，理应思考和调整自己的培养目标，改革现行的教育体制、教育内容、教育方式，以适应未来社会的需要。语文教育面对信息化、全球化、个性化的时代，也必然要做出自己的思考和应对。

一、信息化

信息化社会显著的特征是信息量多、信息量大、新知识层出不穷，一年产生的新知识、新发明，往往超过以往的几年、几十年，甚至上百年。"知识爆炸"——社会最流行的词汇，正是对此的生动说明。而且，信息纷繁复杂，信息传播迅速，信息传播媒体多样化，传播的工具和手段不断更新。

信息化给语文教育诸多的启示。

（一）学会学习

学生在学校只能学习和掌握有限的知识，如果指望把人类所有的知识都传播给学生，是不现实的。一个人即使一辈子不出校门，也不可能学习和掌握人类创造的一切知识。终身教育的思想和学习化社会的构想已成为现实的需要。学校教育必须也只能精选学生终身发展必备的基础知识和技能，重要的是要让学生学会学习，掌握获取新知识的能力。各学科都是如此，语文也不例外。书读不完，关键是要爱读书、会读书。

（二）处理信息

搜索、筛选、传播等处理信息的能力，成为信息化社会的基本能力。培养这种能力，语文教育责无旁贷。能运用和检索多种工具书，运用多种现代媒体接受和获取信息。具有选择和鉴别信息的眼光，在大量的纷繁复杂的信息中，筛选自己需要的有价值的信息。能够储存和记忆有用的信息，运用现代技术和手段传递、发布、交流信息。

（三）高效快速的阅读与表达

在这个快节奏的讲究速度和效率的社会，人们必然对阅读表达的速度与效率提出新的要求。人们没有时间去浅斟低唱。"一目十行"与"倚马可待"成为时代的需要，时代也为这种速度提供了可能，网上查找资料、网上阅读为人们获取信息、知识提供了极大的便利。这种阅读与表达的速度，并非仅仅是方法与技巧问题，它有对他人的尊重，有对时间的珍惜，有思维的敏捷与流畅，还有对简洁的美学追求。

二、全球化

经济全球化是新时代的又一显著特征。全球化也给语文教育新的启示。

（一）开放的心态和视野

语文教育应拓宽学生的视野，培养学生的开放意识，把学生带入现代文明。我国有悠久的历史和灿烂的文明，这是我们的光荣，但长期的农业文明也容易成为我们的包袱。因此，母语教育中应处理好传统与现代的关系，使学生具有现代社会应有的价值观和文明素养，尤其是开放的心态和视野，才能真正面向世界。

（二）增进国际理解，尊重多元文化

经济全球化必然会使我们接触更多的外来文化，各种各样的思潮和文化都会自然而然地出现在你的面前。面对多元文化，首先，我们要尊重和理解。尊重理解一种文化，就是尊重理解一个民族。只有尊重和理解，才能增进合作与交往。在尊重和理解的前提下，我们应该有所选择和取舍。这种选择和取舍需要水平和眼光。培养学生尊重多元文化，为学生树立正确的价值观念和提高鉴别能力，努力吸取人类优秀文化的精华，理所当然成为语文课程的任务。

（三）合作与交往的能力

合作与交往的能力是全球化社会中现代公民之必需。文明相处，合作共事，尊重、理解与宽容，沟通、表达与交流，都是语文教育应该关注的。

（四）严谨的态度与法制的意识，尤其是知识产权意识

经济全球化特别需要规则与法制。语文教育应该渗透规范、规则、法制的意识，培养学生认真严谨的态度，培养学生的知识产权意识。从小教育儿童尊重他人、尊重作者、爱护书籍，在写作时认真查阅、核对资料，并注明援引资料的出处等，都是很有意义的。

（五）民族的自尊心、自豪感

面对全球化，更应注意培养未来国民的民族自尊心、自信心、自豪感，增强民族凝聚力，而民族语文在这方面具有不可替代的作用。民族精神、民族文化、民族智慧，都应进入语文课程的视野。

（六）积极进取与竞争的意识

国际化的社会充满了挑战与竞争，为培养学生积极进取的精神，培养学生竞争的意识和能力，语文课程也应做出自己的努力。

关注世界各国母语教育的发展趋势，促进语文课程的改革与建设。世界各国无不重视母语教育，认为母语教育的重要地位怎么说也不算过分。美国要求儿童 8 岁能顺利地阅读，12 岁能上网阅读，充分说明了对国民语文教育的重视。全球化视野中的语文教育应该进一步"面向现代化、面向世界、面向未来"，引进先进的理念和教育方法，改革语文课程，提高国民的民族语文素养，增强国际竞争力。

三、个性化

个性化是新时代的追求，是对以标准化为代表的工业文明的逆反。个性化引起了语文教育多个角度的思考。

（一）尊重人的个性，发展人的个性

知识经济时代的生产方式发生了变革，工业社会的大批量、标准化、流水线的生产方式已不合时宜。一方面，消费者需要个性化，因而，产品追求个性化。另一方面，产品中高科技含量的增加，科技人员创造性的劳动和个性化的工作方式，改变了传统的生产方式。创新，成为促进社会生产力提高的关键因素。而激发人的创造潜能，培养人的创新精神，必须以尊重人的个性、发展人的个性为前提。很难想象，一个不能得到自由而充分发展的人会有什么创造力。

（二）解放人的心灵，丰富人的精神世界

高度的工业文明社会是一个科学的世界、物的世界。西方社会，工具理性窒息了人的情感，人在物的重压下心理压抑、焦虑、迷茫，心灵扭曲，人性失落。我们读到的西方现代派文学作品大多反映了这样的现状，如卡夫卡的《变形记》、奥尼尔的《毛猿》、尤奈斯库的《椅子》，等等。

随着社会的进步，呼唤人文精神，解放人的心灵，成为西方文化的一个潮流。我国在由小康社会向现代化社会迈进的过程中，人们的生存方式、生活方式也发生了很大的变化。人们不再满足于温饱和对物质生活的追求，精神文化生活的需求也在日益增长。人的精神需求与基本的物质生活需求的不同，正在个性化。因为人都是不同的单个人。语文教育有责任满足人们的精神生活需求，丰富人的精神世界，促进人的科学精神与人文精神的协调发展，提高人的文化品位和审美的境界，培养健全的人格。

（三）尊重人的个别差异和个性化的学习方式

人的个别差异是客观存在的，古代教育家就提出因材施教的思想，而在追求个性化的社会里，人的不同的学习需求和对个性化学习方式的选择会显得格外强烈。语文教育应该尊重这种差异，课程、教材、教法、评价诸方面都应该尽可能满足不同学生的学习需求和学生对学习方式的不同选择，促进每个学生有个性地发展。选修语文课程的不断开拓，研究性学习的推广，课堂教学的改革逐步深入，网络教育的推广，都为学习的个性化开辟了新天地。

只有时刻关注时代和社会的需要，不断地改革创新，语文课程才能与时俱进。正是基于这样的考虑，《语文课程标准》指出：现代社会要求公民具备良好的人文素养和科学素养，具备创新精神、合作意识和开放的视野，具备包括阅读理解与表达交流在内的多方面的基本能力，以及运用现代技术搜集和处理信息的能力。语文教育应该而且能够为造就现代社会所需的一代新人发挥作用，面对社会发展的需要，语文教育必须在课程目标和内容、教学观念和学习方式、评价目的和方法等方面进行系统地改革。

第二节　语文教学方法的变革

一、语文教学方法的创新

创新是推动语文教学方法变革的关键途径。在改革开放的大环境下，许多语文教师充分发挥自身创造才华，积极探索并推出了一系列崭新的语文教学方法。以下是其中四种的简要介绍。

（一）自学指导法

自学指导法，又被称为自学辅导法，是一种教学方法，其核心思想是教师引导学生通过自主学习获取语文知识，培养语文能力。这种教学方法的创新和推行体现了"学生为主体，教师为主导"的教学理念。学生根据教师规定的教材或自学材料，完成指定的作业，进行自主阅读或习题，而教师则在适当的时候提供指导、解答疑问，并进行总结。这种方法适用于小学三年级以上的学生。其优点在于以学生自主学习为主，注重培养学生的自学能力和习惯，有利于培养创造性人才。然而，弱点在于基础较差的学生可能难以适应，如果教师指导不力，可能导致教学放任自流。

自学指导法有多种不同的方式：①划块式，即在一节课内划分一段时间，专门用于学生自主学习和教师引导；②整堂式，即将整个课时用于学生自主学习和教师引导；③课外式，即在正式课程结束后规定一段时间，引导学生进行自主学习，通常面向学习困难的学生，也有全体学生参与的情况。

运用自学指导法时，需注意以下六点：第一，要明确学习的目标和要求，结合自学内容提出引发学生学习兴趣的思考题和练习题，使学生能够有明确的学习方向，在自学过程中能够自发产生问题；第二，要指明自学内容的重点和难点，明确自学的步骤和方法；第三，为学生提供提示或参考材料，帮助他们解决学习中的问题；第四，进行巡视指导，特别是对于自学困难的学生，进行有针对性的个别辅导，及时解决需要教师指导的问题；第五，创造良好的自学环境和条件，使学生能够专注自学，提高自学效率；第六，检查和总结自学情况，肯定学生的自学成果，解决学生在自学中遇到的问题，不断提高学生的自学水平。

关键在于教给学生自学的具体步骤和方法。例如，魏书生老师总结了"四遍八步读书法"：一遍跳读（记梗概、主要人物），二遍速读（复述内容、梳理思路），三遍细读（掌握字词句、圈点摘要、归纳中心），四遍深读（分析写作特点）。自学指导法正在全国范围内逐步推广，具有广泛的发展前景。

（二）比较教学法

比较法是一种语文教学方法，通过将两种或两种以上的语文因素集中起来进行比较和分析，以探寻规律，加深理解。著名的幼儿教育家陈鹤琴曾将比较法运用于幼儿教育，通过让幼儿比较相似的物体，使其能够清晰区分特征属性，从而正确认识事物，留下深刻印象，并保持持久记忆，在幼儿园教学中发挥了重要作用。而在语文教学中，比较法的兴起和逐步定型是近年来的趋势。

运用比较法进行语文教学有助于使学生明了知识构成规律，系统巩固所学知识，并培养举一反三、触类旁通的自学能力。比较的方式主要包括横比、纵比、对比和类比。横比是相同类别的语文因素相比，如字词句篇的比较；纵比是同一语文因素的前后发展变化相比，如词的本义与引申义的比较；对比是将相对或相反的语文因素进行比较，如同义词与反义词的对比；类比则是用同类的两个语文因素中的一个与另一个相比，实际上是进行类比推理。

比较的类型主要有两种：求同比较和求异比较。求同比较是对相同或相似的语文因素进行比较，通过横比或类比寻找共同的规律；求异比较是对同类而不同特点的语文因素进行比较，通过对比或纵比，区分差异。

比较教学法的途径主要有四条：①新旧联系，通过学习新知识启发学生联系旧知识，从旧知识中找到比较对象；②设问求比，教师提出问题，要求学生围绕问题搜集材料，寻找比较点；③单元教学，一次学习几篇同类课文，启发学生认识它们之间的联系与区别，确定比较点；④对比讲评，通过学生作文展示不同写法，引导学生比较分析。

（三）情境教学法

根据课文内容和教学要求，采用各种教学手段，创设适合学生学习语文的生动情境，使学生沉浸其中，触景生情，以加深对知识的理解、学习语言、开发智力，同时陶冶情操。情境教学法，作为一种具体的教学方法，已在全国范围内逐步推广。

运用情境教学法的关键在于创设一个富有生动情境的语文教学环境，主要方式包括模拟情境、选取情境和情知的对称性。

第一，模拟情境。通过图画、照片、音乐、文学语言、电化教具等手段，再现教材提供的情境。模拟的情境要具有形象性和生动性，可以通过生活展示情境、图画再现情境、音乐渲染情境、语言描述情境、角色扮演体会情境等途径进行模拟。比如，教《周总理，你在哪里》，可以运用音乐、诗朗诵等手段，引导学生深入理解课文内容，同时进行语言训练。

第二，选取情境。在阅读教学中，可以借助电教手段如幻灯、投影、录像和教学电影，结合课堂教学，使学生如身临其境。在作文教学中，带学生走出课堂，进行实地观察，拓宽视野，丰富素材。

使用情境法时，需根据教材和学生的特点，创设不同的情境。模拟情境时要注意生动性和形象性，选取情境时可以借助电教手段，根据教学目的创设教学情境，提供具体场景或氛围。

为了进入学习情境，需要进行情境诱导。情境教学法的目标是使学生在教师的引导下完成学习过程。

1.施教的趣味性

兴趣是激发学生学习的直接动力，其主要作用是使学生将学习视为一种动力和需求。古代教育家孔子曾言:"知之者不如好之者,好之者不如乐之者。"①现代心理学之父皮亚杰也强调:"所有智力方面的工作都要依赖于兴趣。"②在教学实践中证明,通过在思考和探索过程中体验乐趣、感受兴奋和激动,是提高教学成果的捷径。要激发学生对学习的兴趣,教师需要在课堂中表达出丰富的情感,使课程充满趣味,呈现出生动活泼的氛围。趣味性是情境教学法的重要内涵之一。语文教师应该采取各种方式,确保课堂充满趣味,使学生在轻松的氛围中愉悦地学习,去探索,品味语文课的甘甜与芬芳。例如,在要求学生背诵古典诗词时,可以每次早读一首,通过日积月累的方式提高学生的文学修养和兴趣。此外,每堂课都设计引人入胜的导语,以紧紧吸引学生的注意力。有很多行之有效的方法,其中包括直观演示、开拓想象、抓住关键点、形成悬念、展现意境、激发情感、进行讨论答辩等。这些方法克服了学生厌倦和消极情绪的心理状态,鼓励学生以巨大的热情投入到语文学习的过程中,提高学习的积极性,激发求知的兴趣。

2. 求学的主动性

"'教'不是'统治',不能代替'学',而是启发学生'学',引导学生'学'。语文教学应该把立足点'从教出发转移到从学出发'。"教学过程是开发学生智力、培养学生能力的发展变化过程,教学的对象是充满情感和个性各异的活生生的人,教学的目的只有通过学习者本身的积极参与、内化、吸收才能实现。学生是学习活动的主体,学生能否主动参与,成为教学成败的关键。

情境教学法的目标是提高学生的学习兴趣,开启学生思维之门,培养学生积极主动的学习态度。常言道:"好的开始等于成功的一半。"激发学生的学习动机往往在导入新课时进行。在这个时候,教师可以确定学习的重点,让学生有一个明确的目标;介绍学习方法,使学生知道前进的路;或者通过巧妙的

---

① (春秋)孔子. 杨伯峻,杨逢彬注译. 论语[M]. 长沙:岳麓书社,2018:68.
② 皮亚杰. 教育科学与儿童心理学[M]. 傅统先,译. 北京:文化教育出版社,1981.

导入手法，让学生沉浸在学习的情境中。情境教学法非常注重这一环节的设计。根据不同的教材和学生群体，可以采用不同的导入方式。常用的导入方式有问题悬念式、诗词曲赋式、格言警句式、故事传说式、温故入新式、解题式、练习式、知识式等。

一旦激发了学生的学习动机，无论是好奇心、新奇感，还是情感需求和关注，都会形成一种积极探求的力量，使学生积极参与到学习活动中，成为学习的主人。培养学生的参与意识是教学民主的具体体现，它能够赋予学生尊重感、信任感和理解感。在学生主动参与的推动下，学生为了求知而感到愉悦，为了探求而充满兴奋和激动。这样的学习体验不仅达到了教学的预期目标，而且超越了它，使学生体验到成功的喜悦，获得一种深深的精神满足。将"要我学"变为"我要学"，使学习成为一种自我需求，从而使学习动机更为稳定和强化。情境教学法通过在愉快的学习情境中激发学生的学习动机，教师全力创造适合学生发挥潜力的条件，让学生全体参与并主动参与。正如在语文教学的舞台上，能够演绎出一部富有生机和色彩的话剧。

3. 情知的对称性

语文教学的过程既是一个认识过程，即智力因素的活动过程，也伴随着一个意向过程，即非智力因素的活动过程。语文作为一门课程不仅在知识结构上有完整的认识，同时也涉及丰富的情感世界。情境教学法将这两方面紧密结合在一起，不仅将语文看作一门工具性学科，单纯追求知性目标，还使其成为培养品格与智能双向发展的载体。

情境教学法要在循文、析像、悟理的过程中领情、注情、传情，充分发挥情感在认知过程中的特殊功能。从学生的学习需要出发，根据教学目的创设教学情境，提供具体的场景或氛围。当学生置身其中，"物色之动，心亦摇焉"，因此"登山则情满于山,观海则意溢于海"①。在教学情境中,学生与情境之间发生各种信息交流,强化听说读写的全面训练,努力使语感训练、文感训练、情感训练、智能训练协同发展,全面完成传授知识、发展智力、培养能力、陶冶性情的教学任务。

情境教学法强调情感目标与认知目标的对称,认为"每个情感目标都伴随着一个认识目标",实现了理性(认识)与非理性(情感)的高度默契,达到了教书育人的统一。

情境教学法构建了以"情境"为主体、以"情感"为中心的教学框架,通过"趣味"激发学生的兴趣,通过"情知"引导学生的情感,使学生主动参与,最终达到发展智能的终极目标。在"爱"的氛围中,在"美"的情境里,在"情"的感染下,激发学生的学习动机,开启心智,陶冶情操,使学生不断获得成功的快乐。这对提高教学效率和进行审美教育都具有重要作用。

(四)思路教学法

叶圣陶先生指出:"作者思有路,遵路识斯真。""看整篇文章,要看明白作者的思路。思想是有一条路的,一句一句,一段一段,都是有路的。这条路,好文章的作者是决不乱走的。"②思路在这里指的是作者写作时的思维过程,它在文章中外显为结构线索。在教学中,教师可以根据作者的思维过程和文章的结构线索,引导学生理清段落层次,把握文章的结构,概括思想内容,体会作者思维的逻辑性,培养学生独立阅读和分析的能力,这就是思路教学法。

思路与思想境界密切相关。思想境界指的是文章中作者通过立意达到的高度,包括中心思想或主题思想,同时具有阶级性和政治思想倾向。而思路则是

---

① (梁)刘勰.韩泉欣校注.文心雕龙[M].杭州:浙江古籍出版社,2001:151.
② 叶圣陶.叶圣陶语文教育论集[M].北京:教育科学出版社,1980.

作者逻辑思维通过语言文字表达所呈现的条理性。思路与语感不同，语感是读者对具体语言文字的感受，而不涉及对整体结构和层次的理解。思路教学需要关注思路的"接通"，即将作者的思路、教师的教学思路和学生的学习思路统一起来，确保学生能够正确理解文章的结构和内容。这个"接通"的关键在于教师，教师的教学思路是联系这两者的桥梁和纽带。

具体的思路教学方法有很多种。其中包括：自读探思路，通过引导学生自行阅读，探索文章的条理；分段显思路，通过划分段落，总结段意和层意来展示文章思路；提纲理思路，即引导学生编写课文提纲，梳理文章结构；设疑引思路，教师按照文章线索设置一系列问题，引导学生解答，理解文章思路；讲解析思路，教师通过讲解和分析，帮助学生理清思路；板书明思路，通过板书设计来显示课文思路等方法。

二、语文教学方法的引进

引进，是语文教学方法变革的另一条途径。多年来，我国语文教学学习域外语文教学经验，引进了不少教学方法。

（一）发现教学法

"发现"的本意是指找到前人没有找到过的事物和规律。作为一种教学方法，它是美国心理学家布鲁纳所创。按照他的解释："发现不限于那种寻求人类尚未知晓的事物的行为，正确地说，发现包括用自己的头脑亲自获得知识的一切形式。"[①] 发现法是一种教学方法，其核心思想是教师提供适合学生学习程度的教材，引导学生自主探索，发现问题，寻找答案，最终得出结论。这种方法能够激发学生的学习兴趣，使其获得持久且便于迁移的知识，同时培养学

---

① 布鲁纳.发现的行为[J].外国教育资料，1978（5）18-24.

生的钻研精神和创造能力。在语文教学中，发现法也被称为"问题教学法"或"设卡法"。

运用发现法的一般步骤包括：

1. 设问：创设问题的情境，激发学生内心产生矛盾，引导他们提出需要解决的问题。

2. 假设：学生利用已有知识和教师提供的材料，提出解答问题的合理假设，探索解决问题的途径。

3. 验证：学生从理论或实验方面检验自己的假设，验证解决问题的可行性。

4. 总结：学生得出共同的结论，对问题进行系统总结。

发现法在引入的过程中经过改进，逐步演变为适应各地教学实践的语文教学方法。其中，"引导发现法"采用以下五个步骤：

1. 准备：教师引导学生明确探索的目标、意义、途径、方法等。

2. 初探：学生通过阅读、观察、思考等学习实践活动，主动概括知识规律，寻求问题的答案。

3. 交流：教师组织学生交流初探成果，对有争议的问题展开深入讨论。

4. 总结：学生整理知识，使其系统化，教师对学生小结进行评价和修正，进一步掌握知识的内在联系。

5. 运用：学生通过各种形式的练习，完成一定难度的任务，验证巩固知识，增强运用知识解决实际问题的能力。

（二）SQ3R 学习法

SQ3R 学习法，又称为"查、问、读、记、复习法"或五步阅读法，是一种引导学生进行自学的读书方法，起源于美国艾奥瓦大学。SQ3R 这一缩写代表了阅读过程的五个步骤,包括纵览(Survey)、发问(Question)、阅读(Read)、背诵(Recite)、复习(Review)。

具体步骤如下:

1.纵览(Survey):对所学内容进行框架式的整体了解。通过查看内容提要、目录、序言以及大小标题、图表、注释等,使学生在粗略阅读中获得大致了解。

2.发问(Question): 略读时着重关注主要内容,提出问题。学生需要在略读过程中形成问题,这有助于引导深度阅读。

3.阅读(Read):带着问题深入阅读。学生可以圈点、画线、写批注或做笔记,以更深入地理解和记忆材料。

4.背诵(Recite): 合上书本,回忆并复述各部分的要点,解答之前提出的问题。这有助于巩固学习内容。

5.复习(Review):最后进行复习,巩固所学内容。这是整个学习过程的总结,确保学生对知识有持久的记忆。

这种学习方法在应用时能够使学习更加扎实,特别适用于需要深刻理解和记忆的精读和必读材料。然而,由于它花费相对较多的时间,对于只需一般了解的略读材料可能不太适用。

在引入我国语文教学时,这一方法也可以经过改良,适用于阅读教学中的精读课文。通过与教师的启发引导结合,可以形成师生双边活动特征的"五步自学指导法",包括定向浏览、略读质疑、深读理解、回忆解答、复习小结。

(三)科学扫描法

科学扫描法,又称速读法或扫读法,是一种在有限时间内尽快、有目的、有效地阅读文字材料,并获取所需信息的方法。其主要原理是采用科学的视读方式，减少眼停的次数和回视时间，扩大视读广度，从而提高阅读速度。

这种方法突破了按字词句阅读的传统习惯，而是采用一行一行、一块一块地扫视的方式。它结合了掠读和寻读，略去一般性文字，专注于发现重要内容，遇到关键处再逐字逐句深入理解。据现代结构语言学统计，一般文章的重要内容只占全篇的25%，而一般性内容占75%。因此，速读法专注于迅速抓住文章中的重点和争议之处，以较少的时间获取更多的信息。

这种方法的一般指标是阅读速度提高一倍，而理解系数达到50%。为了有效运用科学扫描法，学生需要经过加强训练，常见的训练方式包括：

1. 遮盖扫描：读完一行后，用纸片遮盖，减少回视，增加视读广度。

2. 限量扫描：在规定的时间内读完一定数量的文字。

3. 计时扫描：计算阅读一篇材料所需时间，并进行理解力练习，多次检测比较，进行及时反馈。

4. 块面扫描：逐步扩大阅读块面的字数，增进视读广度和阅读速度。

5. 狭条扫描：在一页材料的狭窄区间移动视线，集中于每行文字的中心。

6. 直线扫描：每行文字中线垂直往下移读，一次眼停看一行字，常用于阅读报刊。

7. 顺序扫描：依次扫描文章的各个部分，搜寻重点内容。

8. 机器训练：利用速示器、速读器等机械装置辅助训练，提高眼动速度和视读广度。

此外，引进的教学方法还包括问题教学法、暗示教学法、快乐教学法、范例教学法、图表教学法、利用图书馆学习法等，这些方法能够有效辅助学生提高阅读理解能力和学习效率。

三、语文教学方法的发展

语文教学方法是语文教学动态系统中的一个动态的要素,它本身就是一个动态的子系统,是不断运动变化的。语文教学设计应当探寻语文教学方法运动变化的规律,把握它的发展趋向,遵循它的发展途径,做语文教改的"弄潮儿",将语文教学方法改革推向前进。

(一)语文教学方法的发展趋向

纵观国内外语文教学方法变革的历史经验和现实状况,在今后较长一段时期,语文教学方法的发展趋向主要表现为三大特征:

1. 主导主体有机结合

语文教学方法是教法和学法的有机统一。随着时间的推移,教学理论和方法不断变化。曾经有时期主张以教师为中心,侧重于教师的灌输;而后又提倡以学生为中心,注重学生的主动性。这样的变迁在古今中外的教育史上发生过多次,反映了教学理念的多样性和不断演进的趋势。通过研究历史,我们可以汲取经验教训,对当前的教育实践有所启示。"经过一番否定之否定后,我们才有主导、主体辩证统一的教学观。"[1]语文教学必须坚持以教师为主导、以学生为主体,语文教学方法应当体现这种主导主体的有机结合。

2. 知识能力同步教学

语文教学过程既包括知识传授,也涵盖能力培养。传统的教学理论注重知识的传授,但有时倾向忽视对学生能力的培养。相反,现代教学理论中的某些观点可能过于强调能力的培养,有时会无意中贬低知识的作用,导致教学偏离平衡点。在语文教学中,我们应该理性看待这两者的关系,充分认识到知识和

---

[1] 韦志成.语文教育原理[M].武汉:武汉出版社,1989.

能力的相互促进，相互支持。通过传授基础知识，我们能够激发学生的思考能力和创造能力，帮助他们更好地理解和运用所学的语文知识。这样的教学方法有助于全面提高学生的语文素养。"而正确的知识必须和技能，即运用知识的技巧结合起来。"① 语文教学方法的发展应当有利于知识和能力的同步提升。近年来，国外出现的"第三程度"理论强调了学生需要在知识掌握和运用的基础上培养创造性活动的能力。这种理论对于教学方法的改革提出了新的要求。一些新的教学方法，如发现法、问题教学法、范例教学法、暗示教学法等，都注重培养学生的创造性思维和实践能力，使学生在知识的基础上更灵活地应用和创新。② 我国语文教学方法的改革，应当瞄准国际教育科学理论的新水平。一个学生只有掌握了牢固的知识，具备了较强的能力，才有可能进行创造性活动。

3. 认知个性和谐发展

认知指学生的认识能力，即智力；而个性则指学生的非智力心理因素。智力和非智力因素的和谐发展，实际上是全面发展教育思想的具体体现，已经成为教育理论工作者和实践工作者的共识。苏霍姆林斯基提出："作为全面发展的理想的个性是和谐的，没有和谐的教育工作就不可能达到和谐的发展。"赞科夫则认为："这里所说的达到更高的发展水平，不仅指智力发展，而且指一般发展。所谓一般发展，就是不仅发展学生的智力，而且发展情感、意志品质、性格和集体主义思想。"③ 在语文学习中，智力因素和非智力因素的协调发展对学生的全面成长至关重要。观察、记忆、联想、思维、想象等智力因素是学生进行语文学习的操作系统，它们直接关系到学生对语言知识的获取、理解和

---

① 列宁.列宁论国民教育　论文和讲演[M].人民教育出版社,译.北京:人民教育出版社,1958.
② 商继宗.国外中小学教学方法的比较研究[J].教育研究,1987(6):69-73.
③ Л.В.赞科夫.和教师的谈话[M].杜殿坤,译.北京:教育科学出版社,1980.

运用。而动机、兴趣、习惯、情感、意志等非智力因素则是推动学生积极参与学习、保持学习动力、培养学习习惯的关键。

在当前信息社会，学生的智力水平一般是较高的，因此，教育者更应关注非智力因素的培养。通过激发学生的学习兴趣，培养他们的学习习惯，关注他们的情感体验，引导他们树立积极向上的学习动机，都是语文教学方法中重要的方面。教学方法应当注重调动学生的情感参与，创设生动有趣的学习场景，使学生在学习中获得愉悦感和成就感，从而更积极地投入到语文学习中。

综合智力因素和非智力因素的培养，能够更好地满足学生的认知需求，促进其全面发展。这也体现了语文教学方法应当综合运用多种手段，既关注知识的传递和掌握，又注重学生个性和情感的培养。

（二）语文教学方法的发展途径

叶圣陶先生指出要把学生教好，必须有好的教学方法。好的教学方法从哪儿来？来源无非两个："一是向别人学，一是自己通过实践，摸索得来。"学习和摸索，可以求得语文教学方法的发展。

1. 批判继承，推陈出新

语文教学方法具有继承性和创造性，是其基本特征之一。当前的教学方法大多数是从古人或前人那里继承而来的。不论是常规的讲授、诵读、议论等教学方法，其基本做法都承袭了自孔夫子到叶圣陶等两千余年的教学传统。即便是创新或引进的新教法，通过追溯其根源，也可发现沿袭的痕迹。例如，"比较教学法"即是由现代著名幼儿教育家陈鹤琴先生提出并在幼儿园教学中发挥重要作用的。

这种对过去教学方法的批判继承与否定选择的过程是推陈出新、是创造、是发展的过程。对于过去的教学方法，凡是合理的成分，如启发式、结合实际教学的、有益于知识传授、能力培养、智力开发和情操陶冶的做法，应予以肯定和吸收；而凡是不合理的成分，如注入式、脱离实际教学的、不利于知识传授、能力培养、智力开发和情操陶冶的做法，则应予以否定和剔除。任何对教学方法的全盘否定或全盘肯定的态度都是不科学的。要促进语文教学方法的发展，就需要充分挖掘我国教学方法的历史积淀，正确选择继承和创新，注入时代的生机与活力，创造出更新、更有效的教学方法。

2. 引进借鉴，为我所用

"他山之石，可以攻玉。"引进、移植、改造外国、外地、他人的教学方法，是推动语文教学方法发展的重要源泉。情境教学法最初是一种用于外语教学的方法，起源于19世纪下半叶的西欧外语教学改革运动。从直接法演变为听说法、视听法、功能法，最终形成情境法等现代外语教学方法。将其引入汉语文母语教学，经过改造，成为一种全新的教学法。

另一个例子是范例教学法，由德国教育家瓦·根舍首创。该方法注重从教学大纲和学生日常生活中选取"范例"，使教学内容更具代表性，让学生从"范例"的"个别"到"类"掌握知识结构，提高教学效率。在借鉴其基本思想的同时，我们可以创造出"读写结合法"或设计"得教学法"。

"科学无国界"，在改革开放的时代和新技术革命的挑战下，国家与国家、民族与民族之间思想交流势在必行。引入域外教学方法将是持续不断的。未来的任务是如何结合我国语文教学的特点，结合地方实际，科学选择、合理借鉴，以更好地适应我国语文教学的需要。

3. 优化组合，避短扬长

语文教学方法具有多样性和综合性，这是其又一基本特征。这一特征为语文教学方法的发展提供了广阔的空间。优化组合是推动语文教学方法发展的关键途径，这一过程需要语文教师具备创造性。如果说继承传统和借鉴外国是"向别人学"，那么这种优化组合便是"自己通过实践，摸索得来"，"二者都重要，但是有主次之分，自己摸索得来比向别人学更重要，就中学和小学的语文课来说，尤其如此"。[1]

优化组合的诀窍在于避短扬长，发挥个人教学的优势。比如，同样一篇朱自清的《春》，不同的教师可以有不同的教法。

可以"导之以情，以读带讲"，像于漪老师那种"情感派"的教师执教，首先设计一个充满激情的导语，将学生引入"绿满天下"的动人境界，然后边读边讲，步步深入，使学生的情感融入融融春意，潜移默化地受到课文内容的感染熏陶。

可以"朗读领先，带动全篇"，长于普通话朗诵的教师，从朗读入手，通过朗读的指导和反复地朗读，使学生领会文章的思想内容和写作特色。

可以"范文引路，指导观察"，善于观察指导和写作训练的教师，则以课文为范例，通过课文分析和观察指导，培养学生观察能力和表达能力。

可以"一课一得，以读促写"，紧扣景物描写这个重点，让学生领会按照顺序写景和抓住景物特点的写作方法，并付诸作文实践。

"教亦多术矣，运用在乎人，孰善孰寡效，贵能验诸身。"[2]任何具体的语文教学方法都不是"万应灵丹"，都必须接受实践的检验而决定弃取。

---

[1] 叶圣陶.《中学作文指导实例》序[J].复印报刊资料（中学语文教育），1981（12）：26-29.

[2] 叶圣陶.叶圣陶语文教育论集[M].北京：教育科学出版社，1980（12）.

第三章 语文教学中的艺术

语文教学艺术是教学艺术的一个门类,它是对学生进行言语教育与文学教育的艺术性活动,具有其自身固有的特征。

语文教学艺术是一种符合教学规律的,具有创造性、情感性与审美功能的教学活动方式。

教学是一种独具特色的艺术活动,语文课堂教学是语文教学艺术活动的中心。我们应该认真研究语文课堂教学的艺术创造。创造性地把握语文教学内容。教学的艺术能够使学生在教学的全过程中始终保持良好的心态和旺盛的学习热情,能取得良好的学习效果。

第一节 教学艺术概述

一、什么是艺术

艺术,是个含义复杂的词语,包括以下意义:第一,泛指人类活动的技艺,包括一切非天然的人工制品。第二,指各种艺术创作活动。第三,指美术、音乐、舞蹈、戏剧、文学等专供观赏的艺术作品。艺术不是自然之物,也不是一般的人工制品。它是人类发展的一种本质因素——创造力的体现,无创造性的活动都不在艺术的范畴。除此以外,艺术还具有形象性。艺术的另一个明显特征是作用于人的情感，与情感无关的行为、作品，都不能称为艺术。无论是宽泛的实用艺术，还是纯粹的欣赏艺术，创造性、形象性与情感性是艺术的共性。

二、教学艺术的本质

最早提出教学艺术这一概念的是捷克教育家夸美纽斯。他于1632年写成世界上第一部以教学论命名的巨著《大教学论》，这本书的出版标志着教育成为一门科学。在这本书的卷首语"致意读者"中，夸美纽斯明确阐述了写作宗旨："教学论是指教学的艺术。……我们敢于应许一种'大教学论'，就是一种把一切事物教给一切人类的全部艺术……是一种教得彻底、不肤浅、不铺张，却能使人获得真实的知识、高尚的行谊和最深刻的虔信的艺术。"[①]

此后，许多教育家都对教育是科学也是艺术做了阐述，认为教学活动是一种艺术，其理由有三点：教学活动是一种创造行为；教学活动是一种作用于人的精神和情感领域的活动；教学活动本身具有审美价值。做到了这三点，必定会取得理想的教学效果。教学艺术是一种高水准的教学境界，并非一切教学活动都具有艺术性。教学艺术是一种符合教学规律的，具有创造性、情感性与审美功能的教学活动方式。

三、创造教学艺术的途径

因为教学艺术是富有情感的活动，是一个有序的完整结构，是师生创造精神的外化，所以要实现教学艺术化，必须注意情感、知识与方法这三方面。

（一）教学是善待学生的艺术

所谓教学艺术，首先不是教材处理、教法选择方面的技术，而是教师善待

---

① 夸美纽斯.大教学论[M].傅任敢,译.北京：人民教育出版社,1984.

各种各样学生的良好心态。教育的本质在于使人性得到充分的发展与完善，要实现这一目的，就要求教师一定要爱学生。教师对学生的爱意、善意在教学过程中，会自然流露出来。这种发自内心的情感，在教学中会化为和谐的氛围。

（二）教学艺术是科学地把握教学内容的过程

教学艺术的创造是为了使受教育者在一种艺术化的氛围中接受教育，使教学能够最大限度地发挥作用，使学生的性格得到最充分的发展。教学艺术的主体部分是传授知识的艺术。离开了教学内容，教学艺术就失去了存在的价值。准确地把握教学要点，透彻地理解教学内容，广泛地收集教学材料，熟练地驾驭教学过程，是进行教学艺术创造的基础。

（三）教学艺术是灵活而巧妙地运用教学方法的智慧

教学艺术就其本质而言和其他艺术形式一样，是以富有创造性的方法营造一种使人愉悦的氛围，在视听空间具有具体性、生动性、趣味性和启发性。教学的艺术能够使学生在教学的全过程中始终保持良好的心态和旺盛的学习热情，能取得良好的学习效果。教学艺术离不开对教学方法的创造性运用，一般的教学方法必须升华，才能化为教学艺术手法。

第二节 语文教学艺术的特征

语文教学艺术是教学艺术的一个门类，它是对学生进行言语教育与文学教育的艺术性活动，具有其自身固有的特征。

一、不因循守旧，显示创造美

（一）创造性地把握语文教学内容

语文教学艺术强调创造性地把握教学内容是由学科的丰富的人文性决定的。语文教学内容共有三大块：语言、言语、文学。语文能力训练的任务总共五项：思、听、说、读、写能力的培养。语文教材的内容富有文学性，语文课外活动丰富多彩。将多种教学内容融会贯通，巧妙组合，是对语文教学内容的再创造。

（二）语文教学过程的创造性设计

语文教学过程有其常式，如果教师只用常式而不能根据学生、教材的具体情况设计出科学的、新颖的教学过程，教学就失去了艺术性。例如，很多语文教师讲课文只用一个程序：介绍作家、作品、背景材料，分段、总结段落大意，概括主题和写作特点。这个程序是较为完整、可行的教学模式，但是不能年年月月地用下去。阅读教学的程序必须有变化。语文教学过程的富有创造性的设计，是语文教学艺术创造的重要方面。

（三）语文教学方法的创造性应用

有很多使用频率很高的教学方法，都可以升华为艺术。艺术化的教学方法有两个主要特征：巧妙、灵活。因为，创造性地运用教学方法本身就是一种艺术活动。

二、注重整体性，形成结构美

系统论美学认为：艺术、人类的审美活动，以及一个民族的文化的全部内容是一个整体，其中各种因素都处于一个完整的系统之中，因此分析事物应该遵循整体性、有机性、有序性、普遍性的原则，认识艺术现象和审美活动应该注意各个部分的相互作用及其之间的关系。在语文教学中，要求教师从教学设计到施教的过程，要从整体着眼，从整体与部分、整体与环境的相互关系中认识、把握教学的规律。由于语文教材本身的整体性、综合性很强，尤其是课文的内容与形式是个不可分割的有机整体，所以语文教学艺术的完整性较其他课程更明显。

夸美纽斯在《大教学论》中指出：要把艺术与科学当作百科全书式的整体去教，如果不这样，知识对学生来说就会变成一堆木头，结果是弄得这些学生领会这件事实，那些学生领会了别的事实，谁也没有得到一种周全的教育。[1]我们应该牢记先哲的教诲，善于把一节课的内容同单元的教学内容联系起来。把本单元的内容与更长时间段的内容联系起来，从而使语文学科内容的整体性凸显出来，使语文教学的各个环节不能脱节或矛盾而顾此失彼。教学论从它诞生时起就强调的教学整体性原则，在现代语文教育中应该得到进一步的发扬。

三、重视简洁性，体现形式美

艺术家和科学家都认为简单是美的。教学艺术体现出的简单，其要素是教学思想的集中、明了和教学方法的简明、自然。教学过程中师生紧紧围绕一个中心，重点、要点突出，一切都进行得自然、妥当、水到渠成。在教学过程中，

---

[1] 夸美纽斯.大教学论·教学法解析［M］.任钟印，译.人民教育出版社，2006.

内容应该简明扼要，语言应当简洁凝练，板书应该简约明了，一切都做得干净、利落，给人以美感。简洁是教学艺术形式美的核心要素。

四、讲求节奏性，构成旋律美

　　课堂教学如同演奏交响乐，有张有弛，有疏有密，从而形成音乐的节奏美。上课伊始，设计一段清新的导语，如同音乐篇章的序曲，将学生的注意力抓住，明确意向，打通思路。接着应该加重负荷，增大密度，趁着学生有兴致，可由读到讲，或由问到答，展开教学的中心内容。这样持续二十几分钟，教学任务会完成大半。然后以短时间的舒以品味，疏以润神。最后便进入概括、总结、练习、留作业阶段。

五、展现形象性，突出文学美

　　语文教材中的文学作品具有鲜明的形象性，在钻研教材、设计教案及施教的过程中，教师应该进行再创造，使教材中的艺术形象更加丰满、生动地展现出来，而不能照本宣科地抽掉文学作品中的形象性，使之变成干瘪的教条。要在课堂上展现文学作品的形象性，首先，要注意教学语言的风格，尽量运用富有文学色彩的语言讲析文学作品，用说明性、议论性的语言解析作品是必要的，讲解须精辟、简练。教师要设法引导学生进入文学作品所创造的意境，让他们能够体会到文学作品所独有的魅力，而不应该只是自己陶醉于其中，学生不知所云。还有，作品的形象性和形象思维本身都伴随着丰富的情感。教师如果抽掉文学形象的情感，使之变成一种说教，就抽去了文学形象的灵魂。总之，语文教师从教学语言，以及对理解作品形象、意境的引导和情感的传递等方面着手设计教学，才能展现语文教材的形象性，突出教材的文学美。

六、把握抽象性，显示理性美

语文教学除了应强调形象和情感以外，还应该注意教学内容和思维训练所具有的理性美。语文教学中有很多内容是人的逻辑思维的产物，我们必须将它们还原为逻辑思维形式，如说明文、议论文、语法知识的学习。还有许多东西须凭借理性思维方式来解析，如对文章段落的讲解、作文训练等。因此，语文教学必须强调理性美。人类理性思维和抽象思维能力具有一种与形象思维迥异的审美价值。理性美的特点是它并非是以生动性和可感知的形式诉诸我们的感官，而在于当审美主体运用逻辑思维把握了这些内容以后，产生了类似大彻大悟般的美感。

七、注意趣味性，创设氛围美

教学艺术应当注意趣味性，以形成情趣盎然的课堂氛围。趣味性作为教学艺术的一个显著特征，古今中外的教育家对此多有精辟的论述。古希腊哲学家柏拉图认为：强迫学习的东西是不会保存在心里的。17世纪英国教育家洛克在《教育漫话》中写道："教育儿童的主要技巧是把儿童应做的事也变成一种游戏似的。"[①] 由此可见，在确认教学的知识性以后，应该考虑把趣味性放到重要地位。语文教学的趣味性应该体现在：让学生觉得有趣，激发他们的学习动机；让学生觉得有味，学了还想再学；让学生学有所得，堂堂课都有收获。

八、追求独特性，创造风格美

风格是艺术作品或艺术创作中显示出来的艺术家的创作个性和艺术特色。教学风格是教学艺术创造活动中所显示出来的教师的个性心理特征与教学艺术

---

① 洛克.教育漫话[M].徐诚，杨汉麟，译.石家庄：河北人民出版社，1998.

特色的总和。马克思把风格看作是"精神个体性的形式"。教学风格是教师的德、学、才、情、识与教学技能融合为一体所产生的综合的艺术效应，具有明显的个性化、独创的特征。并非一切教学活动都能形成"风格"，只有能够称为"艺术"的教学活动，才有风格。风格是作家成熟的标志，也是教学艺术成熟的标志。

根据教师课堂教学活动的总体特色，我国目前的中学语文教学艺术风格可以分为四类：情思激荡型、谨严朴实型、睿智深刻型和广博典雅型。教学风格具有创造性、稳定性、完整性、主导性及变化性。语文教学艺术风格的形成是教师卓有成效的创造性劳动成果，单纯的模仿不可能形成教学风格；风格一旦形成就是相对稳定的，缺乏稳定性的特征不能称为风格；教学艺术风格和一切艺术作品一样，是一个完美而和谐的整体，其构成要素不能割裂；教学风格的主导性与变化性相统一，也是教学风格所具有的重要特征，即在保持一定的风格的同时，适当地变化风格，也是发展艺术创造力的有效途径。

夸美纽斯强调："教育人是艺术中的艺术，因为人是一切生物之中最复杂和最神秘的。"[①]他认为："描绘艺术中的艺术是一件繁难的工作，需要非凡的批判；不独需要一个人批判，而且需要许多人的批判……"[②]语文教学艺术的创造与升华是语文教育工作者的永恒的事业。

第三节　语文课堂教学的艺术

教学是一种独具特色的艺术活动，语文课堂教学是语文教学艺术活动的中心。

[①] 杨九俊.语文教学艺术论［M］.第1版.南京：江苏教育出版社，1994.
[②] 夸美纽斯.大教学论［M］.第2版.北京：人民教育出版社，1984.

一、导语设计艺术

导语是课堂教学的第一个环节，或能总摄全篇，或能统领一节课。它是课堂教学的门户，而不是可有可无的花边。导语设计的方法没有固定模式，下面提供一些实际操作的方法。

（一）由旧课导入

任何教学内容都不是孤立存在的，教师可以寻找新旧内容之间的联系点，从联系点出发设计导语。这样可以承前启后，既复习了旧知识，又引起学生对新课内容的预测和关注，同时也有利于他们领悟贯通知识的方法，真是一举三得。

（二）介绍时代背景

时代背景是学生理解文章的基础知识之一，教师应该尽可能使学生多了解背景知识。利用导语介绍时代背景是一种常用的方法。

（三）介绍作者

介绍作者可从不同角度着手，常用的方法有：介绍作者创作时的思想状况，介绍作者的写作动机，介绍作家的代表作。了解作者是理解作品的重要途径。关于名家名篇的知识，亦是语文教学的重要内容之一。阅读课的导语从介绍作者着手，既完成了讲析作品的第一个步骤，又传授了语文知识，所以这种方法便成为导语的常用形式。

二、课堂提问艺术

提问在语文课堂具有多重作用，它是引起学习活动的常用的刺激信息。它能激发思考，培养思维习惯；能引导学生注意教材中的重点难点；能训练学生系统地回答问题，锻炼学生的表达能力；它是教师了解学生的重要手段，能促进师生之间的交流。教师在发问以前，对所提问题是否有必要，提问的时机是否合适，问题是否难易适中，这个问题与上个问题以及以下将要提出的问题是否有内在联系，等等，都要心中有数。

（一）问题的明确性

教师提问首先要做到问题明确。提问明确就是要划定一个明确的区域，这是运用提问方法、提问艺术的基础。

（二）巧妙的曲问

陶行知先生说过："发明千千万，起点是一问；智者问得巧，愚者问得笨。"[①] 曲问是一种经过教师设计的巧妙的问题。或采取迂回的方法，或采取化整为零的方法，要经常变换提问的角度，而不是想起什么就直接问什么。

设计曲问应做到曲而不繁，力求曲而有效。同时曲问与直问应结合使用，不能一"曲"到底。

（三）提问的启发功能

至今还有人误以为启发式教学等于提问式，凡讲解就是注入式。一些教师由"满堂灌"变成"满堂问"，在语文课上展开了"提问比赛"。评价一节课，不问学生的实际收获，只要提问多，回答"积极"，就是好课。这些都是错误的、庸俗的教学观念。启发式既是科学的教学主张，也指一类（不是某一种）高质量的教学实践活动，其核心是对学生的思维发展具有启迪作用。运用提问的方法，首先应该注重提问的意义、质量和价值，应善于运用问题将学生导入思维

---

① 陶行知. 生活即教育 [M]. 武汉：长江文艺出版社，2019.

的王国。教师能够提出富有启发性的问题，是一种高超的教学艺术。

（四）提问的坡度

苏联著名教育家赞可夫在《教育与发展》一书中提出了高难度的教学原则，强调要让学生"跳起来摘果子"，这很有道理。但是问题一下子提得太难，学生不能回答，就失去了提问的意义。教师应该讲究设置问题的坡度。《礼记》中说："善问者，如攻坚木，先其易者，后其节目。"[1]要求提问应先易后难。

（五）追问的艺术

追问是一种帮助学生理解教学内容、推进教学程序的提问方法。追问由一连串的提问组成，有方向、有步骤地引导学生寻找答案。追问教学法的倡导者是古希腊的苏格拉底。他认为，教师的使命就是启发学生自己去发现存在于本性中的真理。苏格拉底称自己的追问法为"知识的产婆术"。追问应强调学生的主体学习地位，强调在学生产生学习需要时再进行追问。

运用提问教学方法，切忌问题过多过碎，截断了意流语脉，破坏了文章的完整性。空泛的提问无法引起思维活动，属于无用的信息。不合逻辑的提问会影响学生思维的发展，属于有害信息。只有树立正确的教育观念，深入钻研教学内容，才可能将提问的方法升华为提问的艺术。

三、课堂调控艺术

控制论越来越多地运用于社会科学。从控制论看，课堂教学是一个调控系统。它包括两个分系统：教师的控制系统和学生的自控系统。教师的控制流程与学生的自控流程是不能割裂的，二者通过教学的反馈回路沟通、调整、深化，

---

[1] 戴圣.礼记［M］.西安：西安交通大学出版社，2022.

形成完善的课堂教学系统。把握课堂教学需要一种调控艺术，语文课堂教学调控可从以下方面掌握。

（一）氛围与节奏的调控

整学期的教学的"量"与"序"的安排，单元教学设计都属于宏观调控，这里不多解释。一篇课文、一个单元练习或一节课是微观过程的调控，微观过程的调控应该重视氛围与节奏。

教学节奏是另一项调控内容。学生紧张时，教师应该让学生有所缓解，在学生学习不起劲时，则应该施加压力，使他们紧张起来。学生就加快了阅读速度，寻找答案。课堂教学的节奏不会如教案设计一样，一成不变，教师应审时度势，随机调控。

（二）教学定向、定位调控

语文课堂教学要受教学目的定向控制，这样才能将教学纳入正确的轨道。定向控制的特点是设点、定线、选角度。例如，讲朱自清的散文《绿》，在大学讲，就要研究现代散文的成就，朱自清散文的艺术特色及这篇散文的文学地位。在高中讲，主要作为典范的言语作品而学习，则不过多涉及现代文学史。这样我们就将教学定在散文欣赏这个点上，以理解课文、品味课文的基本内容与艺术美为基准，然后选择切入的角度。

（三）教学定序调控

定序调控表现在教学程序的调控上，它要兼顾教材的纹路与教学思路。语文教学程序大多依据课文的思路，有时也要变通。灵活地控制教学程序，是一种创造。定序调控应该考虑学生的接受思路。例如，综合性强的课文可采用"先分解，后综合"的程序，帮助学生理解作者的写作思路；故事性强的课文，学生会更多地注意情节，可以先讲指导理论，再分析课文。

（四）教学定量调控

教学定量调控指在一定的教学时间教师对一定的教学对象进行信息传递或智能训练活动的量次控制。量次不足，不能完成既定的教学任务；量次过于频繁，学生不胜负担，也会影响教学任务的完成。语文教学必须科学地研究定量控制。在一课时教学中，应该确定最佳篇幅量、生字量、词汇量、阅读理解量、写作量及其他各种作业的量。语文课堂教学的定量控制目前较为薄弱，有待改善。

（五）根据反馈信息调控

由受控者学生发出反馈信息，施控者教师根据信息及时调整教学行为是最常见的调控方式。对学生发出的信息，教师一定要敏锐地接受，迅速地判断，及时地处理。如果对这些信息反映迟钝，那么就不能有效控制教学。通过反馈信息，教师能准确地判断教与学之间的差距，准确地寻找学生的疑点、难点、错误点，灵活地调整教学速率，调整不平衡状态，从而使教学取得最佳效果。

艺术是人类创造力的产物。课堂是教师和学生生活的一个特殊的空间，教学空间的主要内容是知识的传授与能力的习得、智慧的碰撞与情感的交流。要提高课堂教学的质量，使师生对语文课堂教学充满了向往而绝无厌倦之情，就必须不断注入创造性的内容。从这一方面说，语文课堂教学艺术创造是教学的需要与教学发展的必然。

第四章　语文教学的创新思维

第一节　创新思维在语文教学中的作用

一、创新思维的含义

创新起源于拉丁语，包含了更新、创造新事物以及改变这三层含义，创新思维并不是一个近些年才出现的词，这个词在经济领域、学术领域等都十分常见，它指的是利用崭新的角度、方法去解决问题的思维过程，而不是保留常规传统，故步自封。创新的思维在应用方面具有十分广阔的范畴，创新思维的应用包含了事物、方法、元素、环境等方面。创新思维是人的大脑对于外界信息接收之后进行的一种反应，创新的灵感来源和能力来源也离不开现实社会。在我们生活的这个社会当中，已经存在形形色色的框架体系和事物，但是如果只停留于现状，那么就会无法满足时代的变化以及更高更大的需求，创新思维开展的过程从本质上来讲也是社会进步以及人类思维能力提升的表现。

创新思维拥有两个最为主要的特点：一是独创性，二是变通性。独创性指的是创新思维在应用的过程当中会具有与他人不同的特点，每一个人的思维都会有各自的特点，而不是趋同的，在传统的思想根基之上，创新思维展现出了自身独特的魅力。变通性即是指对一个问题或事物进行思考的过程当中，可以不局限于一个思维角度，而是全方面地去看待问题。针对一个问题开展思考，并不固化地仅仅使用一个思路，这种方式无法带来真正的创新思维，利用变通的方式才能够使思维得到开拓，使得生活以及学习当中积累的经验应用到多个问题之上。创新思维可以说是人类进步的一种表现，如果没有创新思维，那么生产和生活的方式就会一成不变，更加谈不上进步和发展，从人类文明产生开始，创新思维就一直对历史进程起着推动的作用，新的生产方式带来了社会的进步，新的生产关系出现促使社会从奴隶制走向封建社会，再走向资本主义社会，并且朝未来不断发展。创新思维在历史当中所起到的重要作用不仅反映在史实之中，在当代，创新思维也继续发挥着它的作用。例如，在学术方面，创新思维推动学术科研不断进步，并且创造对人类、对社会有价值的成果。创新思维在语文当中也起到了重要的作用，在语文的学习过程当中，也能够发现创新思维的存在，创新思维可以帮助学生和老师冲破传统学习方式的束缚，从而探索到语文学习更深的奥秘。作为一名教师，首先要努力学习创造性思维理论，积极注意学习，保持创造性思维的观念、基本形式、基本方法和技术训练，强化教学中的使命感和责任感，树立创造性思维；其次要努力学习，充分熟悉教材，我们必须通过假期等时间阅读、分析和注释教材，梳理适合创造性思维训练的课程，并从教学目标的确定中引入教学过程的设计、问题的讨论和课堂气氛的调动多角度进行。从新思维的角度来看，我们应该精心准备。这样一来，教师应有适当的探索深度，才有可靠的保证。

二、创新思维在语文教学中的必要性

语文的教育并不单单需要提升学术方面的能力，更需要帮助学生培养起创新的思维，使得学生能够有效提升自身的思维水平与能力。语文在高校的整体课程规划当中占有十分重要的位置，高校阶段对于文学方面的学习来说是必不可少的，文学与人生之间总是掺杂着千丝万缕的联系。从小学阶段到大学阶段，对于语文的学习都不应该被忽视，语文作为一门语言和文化的综合学科，生活工作乃至学习当中的各个部分都离不开它，语文教学的内容就是帮助学生学习语言文化，帮助学生进行思想的交流。语文教育当中所讲究的听、说、读、写、释等能力，为学生在其他学科的学习过程当中也提供了基础，所以语文被称为工具学科。语文学习的过程当中，除了对各项语文基础知识需要具有深厚的掌握能力，同时创新思维也是语文学习当中必不可少的一部分。

在语文的教育过程当中，创新思维能够有效帮助学生提高语文学习兴趣。高校教育阶段，学生对于学习的兴趣经常会受到各种因素的影响，很多学生在经历了高考之后对于学习的态度变得松弛，在高校阶段忽视了认真学习的重要性，进而导致学习质量下降。同样被忽视的还有语文的学习，学生在语文课堂上以及课堂作业完成的方面一旦具有消极的态度，都会使这门科目本身的价值不能够得到有效的发挥，同时也是对教育资源的一种浪费。教师在教学的过程当中通过多种手段培养学生的创新思维，学生自身也需要意识到创新思维对于能力提升的重要性。在课堂上教师传统的授课手段仍旧停留在"灌输式"的教育，这种教育的方式对于学生来说无异于是一种单向输出，不能够调动起学生的兴趣，同时还会导致学生对于这门学科失去好奇心和探索心。缺乏创新思维的课堂变成了思想的终结地，没有思想的碰撞与知识的交流，课堂仅仅成了学习生涯当中生硬的形式，丧失了其本身的意义。

创新思维对于语文教育的重要性还体现在消除历史习俗以及传统文化当中消极因素对于语文教学所产生的不利影响。语文学习的内容涵盖了我国的古代文学、现代文学，丰富的学习内容当中所蕴含的知识种类和数量都十分庞杂，而开展语文学习时，需要注意的一点就是要能够积极面对其中的优秀内容，并且摒弃消极的部分。例如，在学习古代文学的过程当中，创新的思维可以帮助学生们吸收其中优秀的部分，而不是将思维也固化在传统的文言文、八股文当中，文化是一个时代的见证，也是一段历史的反映，创新思维是提升语文学习质量的推动剂。创新思维在语文的学习当中能够有效地针对教学模式的封闭、思维模式的僵化等产生重要的影响，帮助学生立足于书本的同时将眼界扩展到别的方向。

学生在语文学习时，不仅需要学习各种学术方面的知识与技能，更需要的是能够建立起自身的思维框架体系。创新思维的培养有助于提升学生自身的思维能力和探索能力。创新思维对于学生来讲也是一种探索学术并映射到自身能力提升上，缺乏创新思维的语文将无法有效地为学生和教师带来真正的提升，创新思维的匮乏也会导致语文的教育僵化，停滞不前。语文教学效率过低的窘境在当下已经不少见，而这一根源也正是由于教师在教学过程当中对于学生创新思维缺乏重视和培养，学生在学习时，教师所传授的应是语文的一部分，更多的内容需要学生自己加以探索和创新，只有这样才能保证语文教育的积极性和活力，也会保证学生在经历高校生涯之后可以有效提升自身的语文能力以及对语文的了解程度。语文学习阶段，教师和学生两个主体需要共同促进创新思维的培养，深刻认识到创新思维对于语文教学的重要性。智慧的火花在发现问题和提出问题时常常闪闪发光。牛顿发现了万有引力，瓦特发明了蒸汽机，所有这些都来自于质疑。显然，勇于发现问题和提出问题是所有优秀人才必备的素质。因此，我们需要唤起学生的好奇心，帮助学生找到学习的关键，这是创新的起点。提问是一种从已知到未知的心理表达。它是创新意识的具体体现。在教学中，应注重引导学生实践高校学习提问的基本方法。

三、创新思维在语文教学中的职能

创新思维在语文教学当中自身的职能体现在多个方面,其一是体现在语文教学的德育职能方面。学生在高校期间进行学习时,德育是十分重要的一个部分,语文课程针对学生对于世界的认知和了解程度进行了深化,德育在语文当中所扮演的角色也是不可或缺的。德育从广义上来讲,是针对社会成员开展有目的的道德影响和道德教育,但是就学校而言,学校的德育主要是指教育者有目的地对受教育者开展思想、政治以及道德等方面的影响。在语文学习的过程中,德育成为最关键的部分之一,离不开教育内容的规划。我国的教育事业发展伴随着社会的进步也在不断进步,并且在德育的推广和延伸上也取得了一定的成绩。无论在学习的哪一个阶段,缺乏德育教育,对学生来说都会无法培养出健全的人格和良好的品质。就德育工作的发展现状来说,我国的德育工作已经取得了一定的成绩,并且在迈向更好的发展阶段,但是如何提升德育的质量以及更好更有效地开展德育工作,离不开创新思维的培养和应用。作为语文教育的首要目标之一,语文必须要坚持的就是德育为先,而创新思维和德育之间的关系也是密不可分的。创新思维在语文教学当中发挥出的德育职能,能够有效提升学生对于自身道德修养和各种责任意识的认知,并且帮助教师开展有效的教学活动。语文的教学内容当中,能够充分体现出德育的内涵,在语文教材当中的各种文章,或是饱含有忧国忧民思想的诗词,或是慷慨激昂催人奋进的现代文,或是记录了传统美德的故事,都能够为高校学生带来感悟。教师通过讲授可以立足于语文教育的基础,帮助学生利用创新的思维去看待学习的内容,并且能够有效结合创新思维提升自身的文化修养。学生在教师的帮助下,也使得自身将文学作品当中的内涵进行了升华,从而锻炼了已有的创新思维,实现了更加重要的价值。

创新思维还能帮助学生提升自身的交际能力，这也是创新思维在语文当中的重要职能之一。语文是一门工具学科，语文的学习离不开其在生活当中的应用，没有应用的语文也就不能够体现出实用的价值。语文在学习和应用的过程当中，教师与学生结合创新思维，才能够有效地提升自身的交际能力。例如，在生活和工作当中，对于各种格式的信件、文件书写等，都离不开语文的基础知识，同时也必须要具有一定的创新思维，才不会让书写的内容和格式传统老套，这也能够成为在工作当中凸显自身能力的一个要素。创新思维在应用的过程中，发挥出了其在帮助学生提升交际能力方面的重要职能。

创新思维还能够有效帮助学生获得多元的文化思维。文化的领域是浩瀚无垠的，只有拥有多元的思维和广阔的眼界才能够真正地成为一个具有内涵和深度的人。语文学习的过程是一个积累经验、巩固基础的同时也需要提升自身创新意识的过程，学生在教师的辅导下提升自身的创新意识，这样才能够拥有广阔的眼界，使得自身对于语文的理解和兴趣并不会仅仅局限在书本当中，而是将目光转向广阔的领域。语文学习仅仅是文学领域的一部分探索，而真正的文学和知识领域则需要创新意识和探索精神不断挖掘。

第二节　语文教学创新思维的策略

一、培养语言想象思维

想象对于学习来说，无异于是为到终点开辟了多种新的道路，想象思维的培养也是语文教学当中培养创新思维的有效手段。想象思维对于创新思维的培养乃至对于整个语文的学习具有多么重要的意义，因此，语文学习也必然离不开想象思维的认知、构建以及应用。只有转变观念，在语文教学的各方面贯彻启发式原则，培养学生的想象力，才能真正贯彻素质教育的精神，提高语文教学的质量，培养创造性人才。想象是在头脑中创造新事物的过程，或是根据口头语言或文字的描述形成相应事物的形象。它是人类最基本的心理活动，是在原有感性意象的基础上创造新形象的心理过程。在生活的实践中，人们不仅可以感知到当时对自己器官所做的事情，而且可以回忆过去不在眼前但又经历过的事情，并能够形成自己从未经历过的事物的新形象。在其他人的描述基础上，根据自己现有的知识和经验利用语言或文字描述形成相应事物的图像。

想象是我们的固有能力。可以说，想象力在我们的头脑中建立了"另一个世界"。想象另一种可能的历史，想象乌托邦的道德社会，我们沉浸在幻想的艺术中，我们回顾过去所做的事情，同时仍在想象未来可能会发生的事情，如宫崎骏和沃尔特，如迪士尼或皮克斯工作室的人想象的空间，但他们实际上是根据他们的日常经验创造的一系列经典作品。这种对于想象力的十分机械化的理解最近也得到了心理学上的计算机模块理论的印证，根据这个理论，人类的思考是有固定程式的。风景画之所以受人喜欢，就是因为它激发了我们身体中原始的探索远方的本能，我们的祖先因为不得不躲避威胁、寻找资源而培养了这种地域探索的能力。这是当代演化心理学中的主流观点，与很多艺术家、工程师对富有创意的想象力的理解迥然不同。同理，在语文学习的过程当中，想象力的地位也是十分重要的，如果缺乏想象的思维，那么语文对一个人来说就成为死板恪守的印象，语文的美感以及其散发的独特魅力就会无法为人所知。在历史的长河之中，语文想象力的作用发挥得淋漓尽致，例如，在我国历史当中的神话故事创作里，想象思维就起到了很大的作用，神话故事当中的各种人物、情节，无一不来自于劳动人民丰富的想象空间，并且构建出了一个完整而又神圣的东方世界。仅以我国四大名著之一的《西游记》为例，通过神奇的想象逼真地再现了唐僧取经路上的磨难与艰辛，还有天宫与地狱的神奇魔怪，把人的精神世界展示得淋漓尽致，显示出文学的无穷魅力。

想象思维本身其实并不是一个遥远陌生的概念，它存在于我们的身边，并且在很长时间内都影响着我们的生活。想象力是一个人从小就已经具备的能力，例如，小时候的孩子看天上的云朵，会结合形状来猜测各种各样的事物，将云朵和生活当中的东西结合起来，这就是想象力的应用和迸发。小至儿童玩具，大至飞机、轮船的发明，这些都离不开想象思维的作用，想象思维对于创新思维来说必不可少并且十分重要。想象思维是建立在人对于现实的基础认知以及自身的想象能力应用之上的，因此在语文的学习当中，学生如果想要培养创新思维，也需要从想象思维的方面着手，这样可以帮助其在很大程度上拥有更好的思维创新能力。语言想象思维必须要保证学生可以拥有对于周边事物的感知，帮助开展语文的思维拓展，这样不仅能够提升语文学习的能力，还能够有效帮助自身拥有更加深厚并且有效的想象能力。

二、培养文学联想思维

文学拒绝直接表达理性思维，文学不需要判断和推理。无论是接触场景或是观察、思考事物、发人深省，还是突然开悟，都要看具体情况。对象的形象客观存在，它一旦被人们感知，就会给人以感觉和思想，客体形象不再是客观的，它成为情感和思维的文学形象。对象之间没有逻辑连接，没有逻辑上的联系，物体之间的关系是物理的和自然的，图像是非逻辑连接。这种非逻辑的联系整合了人类的情感，表达了人们的灵感和洞察力。联想思维的非逻辑性，只是不符合生活表面的逻辑，其实正是事物与情感的深层联系，所以显得合情合理。台湾诗人余光中运用联想思维把乡愁与邮票、船票、矮矮的坟墓等系列意象组合起来，联想奇特，但合情合理，把乡愁这一人类普通的情感表达得深刻而沉重，尤其最后一句："乡愁是一方矮矮的坟墓，我在外头，母亲在里头……"

文学创作依赖联想思维传达情感和意义，与逻辑推理、逻辑论证和逻辑判断相比较，简洁明了。联想思维的影响不是说服，而是感染，它比理性的说服和论证更强大、更长久。当一个作家开始写作时，他常常觉得自己没什么可写的，其中一个重要的原因是视野不够宽，无法写作，缺乏联想思维导致文学创作过程受阻。传统的写作理论往往认为作家的生命积累和阅读积累是不够的。我不完全同意这种观点。在我看来，作为一个有一定阅历和阅读经验的成年人，积累了知识和经验，造成上述写作困境的原因是思维不活跃。因此，加强对发散联想的训练，可以拓宽视野、拓展思维，充分调动写作中知识和经验的积累和记忆，进行多向、多角度、多层次的联想，并举一反三，由一个编撰新颖的主题，引出一篇全心全意的文章。根据不同类型的文章，可以运用不同的发散联想来挖掘材料和情节，并进行良好的思维品质训练。虽然反向联想有助于突破思维的枷锁，提炼新思想和新思想的主体，还可以培养思维的独立性和批判性，但要使这种思维训练和写作应用达到理想的效果，我们也应该注意实事求是等问题，这就意味着我们的思想应从实际出发，尊重事实，尊重事物发展的客观规律，不能因为求新的差异而使结论偏离客观真理和客观规律。二是运用辩证思维，一切都分为两种，青年人更倾向于片面地看待问题，因为他们的生活经验有限，思维简单。三是善于比较分析，即在分析、比较、认同和选择的同时，或以同样的方式寻求相同的，或找到最好的观点，写文章时如果将思维局限在了一个方面，无法有效发散，就会造成文章内容的僵化。

隐喻是联想思维中相似联想的体现，对比修辞是联想思维中对立联想的体现，是联想和在联想中的体现性思维，如修辞、引文修辞和转喻。通过这种认识，学生的语言表达能力和思维能力在经过一定的训练后有所提高，这正是因为想象在写作中起着重要的作用。在作文训练中，培养学生的理性想象力是非常重要的。文章中反映的客观事物，一般都来源于生活现实，并在此基础上被升华。

文章是客观事物在客观思维中的反映，即作者观察客观事物，通过思考，然后以语言的恰当形式表达出来。阅读教学是分析文本的语言，引导学生想象文章中表达的客观事物。我们不仅要想象生活中的文章，还要想象文章中的生命最初的样子。我们不仅要想象文章中反映的客观事物，还要想象作者对事物的思维过程。我们不仅要学生想象作者直接看到的东西，还要想象作者的想象力。学生从创作的角度理解作者写作过程的想象过程，知道如何想象，这才是语文教育所追求的目标之一。

三、培养写作多元思维

人的知识是以感性为基础的，通过思维过程，大脑中的认知过程突然发生变化，从而导致多元思维的产生。人们把握事物的本质，理解事物的规律性，在这个过程中，思维的深度在于深入思考，把握事物的规律和本质。我们通过事物的表面现象了解事物，了解事物的本质和事物之间的本质关系。只有这样，我们才能真正理解事物。因此，培养学生的深层思维有着重要的意义。培养学生思维的关键是采取措施，使学生的思维从外到内，循序渐进。这就要求教师设计的教学措施要以思维的深度为导向。因为学生没有进入社会，他们的生活经验是有限的，有时他们看不到足够的问题。普遍接受理论体现了实践检验的普遍性和科学性，它是人们理解事物的思想武器，有助于人们理解事物的本质。因此，在教学活动中，我们应该教会学生使用一些公认的理论来理解事物，这可以培养学生的思维深度。所谓多方向训练，就是培养学生多方位、多角度、多层次地思考问题，寻求对问题的正确认识，寻求各种正确的解决问题的方法。多向思维训练的目的是培养学生在短时间内产生各种正确思维的能力。这种训练不能满足已经找到的正确答案，但在此基础上，我们应该继续寻找新的正确答案直到最后。思维的敏捷性与判断事物的决定性密切相关。敏捷性的前提是果断性,犹豫不决,甚至当想到它的时候,不敢说,这是不灵活的。在教学过程中,教师要有意识地培养学生的决断力。因此,我们不妨改变学生回答问题的方式,一般情况下,教师首先提出问题,留出一些时间让学生思考,在基本了解问题并产生了自己的想法之后,举手回答;然后老师点名,学生回答。这样,问题和答案之间就有了更大的灵活性,学生也有了缓冲过程。如果学生想回答,那么就可以思考并举手;如果学生不想回答,也可以慢慢地思考;如果想不起来,那没关系。为了培养学生的思维能力,从而逐渐培养学生的思维敏捷性,答案的形式可以变成:一些学生站起来准备回答,然后老师突然抛出一个问题,让学生立即回答,看谁回答得快而准确。这种回答问题的方式是一个快速的过程,学生的思维敏捷可以得到充分的反映和训练。

四、培养艺术鉴赏思维

欣赏本质上是一种审美能力,在发展的过程当中人们保留不同的审美情感,并且主要表现在对美的理解和评价上,接触某种生活的美好事物的形式和内容都会对人的艺术鉴赏思维产生触动。美学思想的思维观一旦触及事物的形式和内容,审美环境就会激活审美思维,每个链接和元素都应该在交互评价中进行。因此,就语文阅读教学而言,为了鉴赏操作与设计,描绘审美主体的艺术形象能力至少应包含两方面。一是欣赏审美主体的审美形象。欣赏主体应具备把握艺术美的整体魅力的能力。在学生的脸上也包含了审美思想的审美再创造的主体,有一对艺术形象,然后开始形成自己的大脑的"发现"的乐趣和提升。其实,正是这样,欣赏过去积累的生活经验和情感体验,最终实现了情感的认同,是一种新的整合,进而创造审美和美感的思维、美感和审美理解的"发现"。二是审美愉悦与审美理想相联系,使艺术在艺术的形象中,成为审美思维的表达。

实践证明，升华只是一种新的审美意象，它已成为审美思维的新体验和组合，它在头脑中有完整体验。可见，审美思维是艺术形象的快速特征。艺术形象可以为从观察和改造审美形象到欣赏主体提供催化剂，可以唤起对审美体验和理解的想象空间。由此可见，培养学生审美思维的关键在于增强学生对新的审美思维的积累和鉴赏能力。在日常教学中，对一些学生甚至一些教师的知识有两种认识误区：一是强调知识的重要性，以知识为学习的目的，以知识为研究对象；二是强调具有创新精神的审美与鉴赏。通过学习与探索，我们获得了具有自身特色的思维方式，并且在结合了创新的精神之后，往往可以针对一些文章、作品产生不同的见解。只有保证了艺术鉴赏思维的创新性，才能够有效促进艺术鉴赏的发展。

五、培养逻辑思维

与学生逻辑思维能力的培养和丰富的研究成果相比，目前有关语文课堂上高校学生逻辑思维能力培养的研究相对较少。在语文教学中，对学生进行最基本的听、说、读、写训练，这四种能力是由语言能力和思维能力决定的。因此，语文教学中应重视语言和思维训练。要体现语言的核心作用和思维训练，关键在于处理好语言的训练和思维训练之间的关系。就一般要求而言，我们必须防止与思维训练分离，单独从事语言训练，有必要从语言训练中防止偏差训练，有机地结合这两种训练。

语言训练与思维训练相结合的原因在于，学生的思维集中于语言的发展需要扮演的角色。例如，学生作文中单词或句子使用不当的问题是形式上的语言问题，同时也是内容思维的问题。一个学生不能正确理解和应用这个概念，就不能对事物做出逻辑判断。事实证明，学生的语言总是遵循他们的思维发展和向前发展。如果我们不重视思维训练，学生不仅会受到思维发展的影响，而且语言的发展也会是不健全的。因此，在语言训练中应做好思维训练，并将两者有机地结合起来。

思维训练在语文教学领域中非常普遍。问题在于，这种教学活动自觉和不自觉地发挥着不同的作用。如果有一种思维训练，在课堂上做这种活动时，要有意识地对待教材和学生的实际情况，适当地传授思想知识和传授一些思维方式，并保证学生可以将这些思想和思维方式应用到自身的学习实践当中。不难看出，作为一名语文教师，在语文教学过程中具有或增强思维训练的意识是非常重要的。运用逻辑知识提取学生积极的逻辑思维，是提高作文教学质量的重要途径。我们应该把握学生的思维"火候"。也就是说，如果学生在掌握基本的逻辑和常识的基础上和他们的老师有共同语言，他们就能得到"心对心"的效果。

总之，提高思维能力是所有学科的共同任务，而语文是首要的责任。因为语言和思维是形式与内容的关系，我们必须在很大程度上提高语文教学的质量。我们必须把逻辑常识渗透到语文教学的各个环节，逐步普及学生的逻辑常识。语文是一门实践性很强的学科，语文学习的质量直接影响着其他素质的发展。因此，在语文教学中应做好学生逻辑思维能力的培养。从根本上讲，学生要依靠语感来发展语言文字交流和对话。听、说、读、写有助于学生理解自己的思维规律，学会正确地运用自己的思维规则，理顺语文课程中的逻辑思维和形象思维。逻辑思维不同于直觉思维和形象思维，它可以直接形成灵感和顿悟，但它是创造性思维过程中不可缺少的思维形式。

第三节 营造创新思维环境

一、营造民主教学气氛

在语文教学中，最好的办法是避免这种只解释段落、中心思想、词汇等僵化的知识，而忽视学生的感受的教学氛围。因此，调动课堂气氛，创新教学内容，增加生活实例分析，结合教材内容，结合学生生活实际，是提高学生兴趣的重要途径之一。

例如，在解读柳永的《少年游·参差烟树灞陵桥》这首词时，首先，我们可以教他们一些灞桥的历史，甚至引导学生去感受河两岸的青柳烟雾，使学生们有更深刻、更身临其境的感觉。其次，让学生通过小组讨论参与课堂互动，提高学生的分析能力和团队合作能力，调动语文的课堂气氛。尽量把上课时间交给学生，引导他们阅读、讨论和发言，让他们积极参与、交流、合作、开展小组活动，让学生参与课堂。如果学生有参与意识，他们可以打破单调的课堂。因此，学生可以以小组划分和小组讨论的形式参与课堂，讨论一种文学现象、作者的思想和文章风格。再次，每个小组选出代表来显示小组讨论的结果，并实施奖励积分。最后，需要更多的师生互动，调动语文课堂学习氛围。师生互动有助于营造民主的课堂气氛，是构建新型师生关系的重要步骤。教师在教学过程中要保持微笑、和蔼可亲，应该自然、大方、冷静，随时与学生保持目光接触，以真情实感感染学生，营造和谐的教学氛围，积极与学生交流，真正实现师生互动。教师还可以根据课程的需要安排辩论、演讲比赛和诗歌朗诵，教师也参与其中，作为参与者或评委的一部分，激发学生参与的积极性，锻炼他们的口语能力，提高他们对高校语言学习的兴趣。

经过语文课堂气氛的一些尝试性改革，学生对语文学习的兴趣有了很大的提高，学习的自觉性也有了很大的提升，不再是以往的完全被动式学习。大多数学生可以从学生的课堂实践中欣赏诗歌、文字、文章等作品。学习汉语，写作实践是必不可少的。评价优秀学生作品无疑是调动语文课堂气氛的又一法宝，在学生的作品被评价之后，学生能够更加清楚地认知到自身的不足与优势，因此可以有效地对自身能力开展针对性提升。教学活动结束后，可以要求学生模仿教学内容或部分评价内容，进行相应的写作练习，巩固学生的写作能力。比如，在唐诗和宋词的教学中，指导学生模仿自己喜爱的诗人或诗人的写作风格，在课堂上创设新的作品，在下一堂课上表现出优秀的作品。课堂上拥有的良好训练氛围，也成了提升学生自主学习意识的重要原因。改革的有效之处在于提高了学生的写作能力，从学生的考试反馈来看，经过几次调动课堂气氛的尝试，他们对自己的日常生活更加自信、熟练。例如，在学习优秀的诗歌、文字和创作之后，学生可以根据自己的兴趣创作诗歌，积极地做出贡献。一些学生对小说更感兴趣，就应该开展小说专题学习与讨论，引导他们自己"试水"，进行小说创作。总之，良好和谐的课堂气氛是对美的一种享受。调动语文课堂气氛的新尝试，如现实生活、小组讨论、师生互动、课堂展示等，可以使学生和教师建立良好的课堂关系，调动学生学习语文的积极性，提高他们的写作能力，让学生"亲吻老师"，相信他们的方式。

二、开展语文沙龙活动

沙龙活动原意指的是在上层人物的客厅当中开展一些文化和艺术的交流，欣赏艺术作品，但是这个概念在发展的过程当中也逐渐拥有了新的内涵。语文沙龙活动实行"上课—说课—评课—讲座"的顺序，每位教师积极参加听课、评课活动，切实解决好课改中遇到的疑难杂症。为了提高沙龙活动的实效性，可以邀请一些具有一定经验的教师开展。在语文沙龙进行的过程当中，语文沙龙的目的必须要能够得到有效的贯彻落实，语文沙龙是为了能够有效提升学生的语文学习能力，并且在教师指导下能够体现出创新思维，为创新思维打造一个交流和发展的良好平台。在语文沙龙活动当中，仍需要注重的一点就是要能够保证学生在沙龙当中的主体地位，学生不同于教师，教师具有丰富的经验以及阅历带来的自信，学生由于没有进入社会对于一些事物的认知较为浅显，往往会在沙龙当中显现出一些不自信和害怕，这时就需要教师能够帮助学生克服恐惧的心理，并且帮助学生大胆说出心中所想，帮助一个班级甚至是一个专业内部的学生开展有效的交流。语文沙龙除了对于学生能力的提升有帮助外，对于一个良好学习氛围的构建也有十分重要的意义。学生参与语文沙龙时，进行思维的碰撞，其所拥有的创新思维得到了更加广阔的探索空间，并且可以和其他人产生交流，这样一来也更加便于学生在思维的高度上得到提升，而且良好的氛围同时也能够带动一个专业、一个学校内部的学习积极性上涨。饱满的激情能帮助学生们在知识的海洋当中探索与遨游，在已有的自身学习基础上，与他人进行思想的碰撞，产生新的火花。学生学习并不是一个封闭的过程，利用语文沙龙的形式才能够真正地促使学生开展创新思维的应用，创新思维在交流和融合当中得到发展，而学生自身的能力也在其中不断地增强，这样才能够真正体现出创新思维对于语文教育的重要作用，教师也能够更加有效地发挥出自身的指导地位，帮助学生成为学习活动的主体，帮助学生培养创新思维，塑造健全人格，并且也能够提升自身对于语文教学的深刻认知，同时能够使学生和教师之间的关系更加密切。

三、创办文学社团

　　社团活动有助于提高综合素质，所谓素质就是一个人在社会生活中思想与行为的具体表现。个人的智慧和气质是品质形成的起点。外部世界的直接经验和间接经验是质量发展不可缺少的诱因和物质。在加工外部材料的过程中，主体逐渐建立起自己的认知结构、情感结构和行为模式，最终以能力和价值的核心内化为个体素质，并与人格特征相融合。个人对待特定事物的态度和处理特定问题时所运用的知识和技能是语文能力和素养的外在表现形式。个人对特定事物的态度以及对知识和技能的运用，是素质的一种直观体现。组织的特殊培训是学生语文素质能力培养的重要影响因素，在重复训练中，学生形成了一定的气质或个性，这是社团活动对提高学生个人"素质"的作用。知识和技能的使用是质量的外在形式，这是从静态的角度看的。事实上，"知识与技能的运用"是质量形成的重要途径。实践是"真知识""行为形成质量"，社团活动的重要价值是促进学生素质的形成。学校文学社团的建立，可以为学生创造良好的创作氛围，激发学生的创作兴趣，提高学生的创新能力，有利于推进素质教育和创新教育。它既可以为学生个性特征的发展提供广阔的舞台和空间，还可以培养学生的创新意识和创新能力，提高学生的写作能力和审美能力。学校竞争越来越激烈，有压力，会有更多的学生利用各种有形和无形的方式来提升自身的能力。如果因为学生的学习不好，很多考试没及格，导致教师对于学生的评价不高，那么首先教师应该对学生进行一个客观性的综合评价，保证除了成绩以外还能够考查其他部分，例如，学生在文学社团组织活动中的表现。创办文学社团组织，是帮助教师更加了解学生的一种重要手段。

四、自办语文学习报刊

我们应该善于引导学生拓展课外阅读。我们不仅要按照课程标准完成名著的阅读，还要坚持每周开放课外阅读，把名著和报刊推荐给学生，或是欣赏书籍，或是在自己的书上旅游。学生可以理解作品，欣赏作品中的佳作。此外，学生还应该通过各种其他方式积极地开展课外阅读，如设置报刊、上网、看电视等，当然都是可以实现的，也可以选择阅读。通过阅读更多的书籍和阅读好书，我们可以养成良好的阅读习惯。因此除了教材以外，自办语文学习报刊是提升学生语文学习水平的一种有效举措。

课堂的空间毕竟有限，课本范围受到限制，学生的视野不能看得更远，见不到更精彩的白云和彩虹，因此要让学生充分感受到生活处处皆语文，向更广阔的天地延伸。那就是通过阅读课外的报刊，甚至是领略一片更广阔的景观。作为语文学科，所选的课文内容丰富，经典规范，但数量有限，想在思想上培养学生的人文精神，提高学生的文化素养，应该保证每天读更多的课外文章，补充更多知识养分。报刊应列为首选。自办语文报刊的意义在于，学生能够自己动手搜寻资料，并且排版印刷，保证语文报刊的出版印刷全过程都由学生完成，提升了他们对语文报刊的了解。要让学生把语文学好，需要知识的阳光普照和雨露滋润，更需要把这些营养充分吸收。如果语文是道大餐，每天有教材作为正餐让学生吸收它们的精华，还远远不够，该有合理的语文营养餐作为补充，那样才能更好地消化，充分地吸收，使学生身心健康，积极向上，文思敏捷，才华出众。自办语文报刊过程中，无论是撰写稿件的学生、负责排版的学生还是负责印刷下发等后勤事宜的学生，都能够得到有效的锻炼。

在语文课堂教学中培养学生的语言素养也是培养创新人才的需要。拥有丰富知识和经验的人比只有一种知识的人更有可能产生新的联想和独特的观点。《语文新教材》强调学生的发现和创新的发展，勇于提出自己的观点。在积极主动的思维和情感活动中，我们可以得到一种独特的感受和体验。语文教师不仅要有意识地引导学生在课堂上学习其他学科的语言，而且要把知识应用到其他学科中去，从而使所有的学科都能学习。也就是创办语文报刊的方式，还可以成为其他学科学习的启发，学生创办各个科目的报刊有助于提升对学习认识的渗透和综合性了解，教师也应该有意识地引导学生进行课外语言学习，如收听电视广播、讲故事、阅读报刊、写日记等，关键在于大量的课外阅读，"汲取生活的水"，提高学生的观察力、想象力和独立思考能力，培养学生的创新精神和实践能力。

五、创建语文学习网站

改善师生沟通环境，通过资源共享实现师生、生生交流的目标。例如，在部分教学的扩展中，要求学生写一些关于环境保护的短文，并发表在互联网上，互相分享。然后教师指导学生阅读学生所写文章，帮助学生使用不同的字体和颜色来修改它们，激发其语文学习的自觉性。教师还可以使用QQ群和MV等多媒体工具，为学生提供典型文章，共同讨论和编辑，欣赏优秀作品。此外，在网络平台举办论坛，让师生和生生之间形成互动。教学结束后，组织学生在校园网论坛上讨论社会热点问题，这是一个开放的交流，不受时间和空间的限制，它可以进一步激发学生的主体意识和独立的思维精神。教育主题学习网站是教育活动的网站，显然，专题学习网站离不开这个基本功能或任务。主题学习网站是一个以资源为基础、学习为基础的网站，它在网络环境下研究的与一个课程或者一个或多个学习主题密切相关。专题学习网站是一个专注于一个或多个课程和与课程紧密相关的学习主题的资源学习网站，它可以用来存储、传输和处理教学信息,它还允许学生自主学习和协作,并在线评估和反馈学生的学习情况。

主题学习网站,通过创设一系列贴近实际的情境、问题和主题,让学生通过合作、交流和互动来探索和研究一门学科,从而获得对学科的一种特殊认识,即知识结构的形成。主题学习网站虽然是对特定主题或单个主题的认知探索,但主题学习网站或资源的内容不是单一的,它可以包括与主题和渠道相关的各种资源,如与文本相关的文本、图片、音频和视频。源模式可以作为主题来学习网站的内容。此外,内容的形式也可以改变,它可以是一个科学理论的总结或一个案例的经验总结,只要它能服务于一个主题的进一步发展,就可以看作是一个主题的收集。当然,内容必须科学合理。

第五章 语文生态化教学策略实践

第一节 语文教育的生态学探究

一、语文教育的生态学内涵

（一）语文教育的生态哲学观

生态危机让人类从不可持续发展的价值观转为可持续发展。这是一种"哲学转向"，让"生态化"成为大学教育的新理念。人类既有责任和义务，又有必要和可能，通过大学教育的作用推动生态文明的发展。生态哲学扩展到其他领域，就是用生态和整体的眼光看待各种问题，用生态化的思维去思考各种危机。生态哲学思维倡导"用整体、立体、动态的眼光看待生命和事物，弘扬跨学科的研究方法"。生态哲学有着丰富的内涵，从世界观和认识论的角度看，生态哲学或者生态世界观就是运用该生态学的基本观点和方法观察现实事物和理解现实世界的理论。

生态系统理念是指在生态学里，"一切事物与一切现象有关"，也就是一切事物和现象之间都有一种基本的相互联系和相互依赖的关系。生态学理念中，生态的各种因素之间的作用和联系都非常重要，需要足够的重视。动态平衡理念认为"现实和宇宙在根本上是运动的，结构是一种基本过程的表现形式，而且结构和过程两者最终也是互补关系"①。因此，生态哲学强调的是动态的过程而不是静止的状态，把自然看成一个运动的过程"这是生态哲学对现代哲学的一个贡献"。

生态圈理论是生态哲学的基本理论之一，自然界的各要素相互制约，实现生态平衡，促进生态系统的和谐发展。这要求我们有整体观，将语文教育看作一个有机整体，其中的每个要素均具有不可替代的意义，发挥着各自不同的作用，共同实现生态平衡。在一个开放、有序、复杂的生态系统中，语文教育的各个生态因子相互作用，缺一不可，共同构成了动态平衡的生态圈，实现教师和学生的平衡发展。

全面和谐发展是生态哲学的又一基本理论。生态学要实现的发展不是某一物种或某一区域的发展，而是全面和谐可持续的发展。因此在语文教育改革过程中要致力于实现教师与学生的全面发展。教师要实现教学相长，学生要实现自我发展。学生的发展也不是某一类或某个学生的发展，而是全体学生的发展，不是学生个别方面的发展，而是身心等各个方面的全面发展。这就要求语文教育必须因地制宜、因材施教，针对不同学生的特点，采取具有针对性的交往策略和手段，促进学生全面发展。

可持续发展是生态哲学重要的基本原理，要求我们既要考虑当代的发展现状，也要考虑后代人的发展前景，实现人类经济建设与环境的和谐发展。以可持续发展理论审视语文教育，即要实现教育目标、教育环境、教师和学生的可持续发展。生态学视野下的语文教育以促进教师和学生生命的可持续发展为本，关注个体的内在需求，注重生活体验，遵循教育的内在规律，共同创建动态中稳定前行的语文教育生态系统。

---

① 邱清亮，陈红兵.科学发展观的历史与逻辑意蕴阐释［M］.沈阳：东北大学出版社，2013.

关于生态哲学的内涵，学界有着相当多的论述，但"整体""和谐""系统"是其中都能达成共识的几个基本观点。整体观可以说是生态哲学的精髓所在，世界在整体观的前提下成为一个整体，在这个整体中，主客体是可以相互转化的，且都是平等的，处在普遍联系之中；和谐观是生态哲学的落脚点，理想的生态世界是人与人、人与世界的和谐共处，追求的是生态圈的平衡。生态哲学的系统观认为世界是由大大小小的系统构成的，每个系统内部都自成体系，系统之间又互相联系。

生态哲学的产生与发展，为生态学以外的其他学科提供了一种新的思维方式和研究方法。对于语文教育来说，正是需要这样一种全新的理论视角，去探寻其失衡的现状成因，在动态中追求平衡，更广范围、更深层次地去研究语文教育。

（二）语文教育的生态学解读

在生态学的视野下看语文教育，有以下三方面的概念值得关注和解读。

1. 通识教育与教育生态理念的契合

"通识教育"也称为普通教育或一般教育，它是大学教育中区别于（或相对于）"专业教育"的一个概念。通识教育注重更广泛、更深入的有关人文、社会和自然的基本知识的教育、人类文化遗产的传播及其对学生人格的教化作用。用生存哲学和生命哲学的视野来理解教育对于人的心灵、情感和创造的价值，通识教育是最好的教育方式。通识教育不是训练学生某一方面的技能，而是侧重于训练学生的有效思维。从思想上去提高学生表达、判断和鉴别的能力，并以此使学生的感情和理智都得到发展，从而有助于造就全面发展的人。

通识教育并不仅仅是一种课程类型，更不仅仅是一种培养模式。从生态学的角度看，通识教育实际上是一种教育理念，强调能力和心智的并养，专业教育和综合素质教育的均衡发展，人的人文素质与科学素质的和谐发展。这种教育理念本质上体现了生态的整体发展观。

2. 素质教育是一种可持续发展的生态教育理念

在教育领域来说，可持续发展的教育作为一种追求生态平衡的教育，既要满足当前社会对教育的需求，又要满足未来对教育的要求。那么从教育指向来说，能够实现可持续发展的教育，只能是素质教育。

素质教育的核心是以人为本，致力于使学生具有初步的创新精神、实践能力、科学和人文素养以及环境意识；具有适应终身学习的基础知识、基本技能和方法。在生态学理念中，人是自然的人，教育需要尊重人的自然性、习性，也就是尊重生命。因此，素质教育的本质就是回归生命本体的教育，一种可持续发展的生态教育。

要实现教育生态平衡，就必须全面推进素质教育。因为只有实现了教育生态的平衡，才能实现真正意义上的素质教育。对语文来说，也必须是素质教育，实现可持续发展的教育，才能实现人的全面发展这一教育目标，也才能让语文教育既满足当下，又着眼未来。

（1）语文教育必须遵循可持续发展规律

可持续发展理念要求语文教育不仅仅关注教育本身，更要注重与社会、经济、文化等各方面各领域的连接协同，只有素质教育能让彼此都达成可持续发展的共识，并共同努力，促进整个社会的可持续发展。

（2）语文教育必须瞻前顾后，放眼未来

立足当下，追溯历史，是语文教育的眼前利益，但可持续发展理念倡导的是着眼长远利益。因此，语文教育在教育资源开发、教育环境的营造、教育关系的建立等方面，都要既考虑目前教育呈现出的现状，更注重教育发展的未来方向。这是素质教育的必然发展方向，更是面向教育未来的责任担当。

（3）语文教育必须致力于人的可持续发展

可持续发展教育不仅应当关注整体的可持续发展，而且应关注系统内每个个体的可持续发展，这是人们交互作用的产物——社会的发展就是人的发展和为人的发展。素质教育正是从每个人的需求和特点出发，追求长期的、全面的发展。这种发展既要满足个体眼前的利益需求，又要保证将来的个性完善；既要满足个体的物质需求，又要保证精神的满足。

3. 母语教育是语文的根本生态属性

母语是一个民族文化的纽带和载体，是一切学习教育的基础，也是人类与社会之间、人与人之间最自然的语言。母语是自然生成的，与自然环境之间有天然的、紧密的联系。母语教育则是一种最自然的基础教育，来自生活，用于生活。生活就是一种生态，是自然、社会和人结合起来的统一生态。作为自然生态环境下的母语教育，重视教育和生活之间的紧密关系，把教育看作是师生的生命自由、自然绽放的活动，是一种没有刻意做作的、率性而行的生态过程。母语教育也是语文教育理想的教育模式，体现了一种和谐的教育生态理念。母语的教育资源无处不在，母语是交际的工具，是表情达意的工具，也是人认识生活，参与生活的工具。

人在进入系统学习之前就已经掌握了一定的母语经验。从出生至入学这段时间，就在家庭和社会文化的熏陶下，有意或无意掌握了大量的词汇和初步的语言规则。特别是网络时代开放的电子信息，让儿童在入学前对母语的掌握和运用已经具备一定的基础，且有了一定的文化差异，这种基础和差异都是一种自然的呈现，更是一种宝贵的语文学习资源。

母语教育的学习过程和日常生活是交融在一起的。人的成长过程，就是母语的学习和使用过程，自然规律与教育规律必须和谐相处，彼此促进，而不是互相阻碍。不论表达、接受和传递怎样的文化教育和从事怎样的活动，都离不开母语这一交际工具，母语文化的大环境伴随着学生的一生。因此，母语文化是在不断发展的，母语教育是在持续进行的。母语教育也只有建立在学生生活经验的基础上，才能激发这门学科的活力，才能激发学生学习这门学科的活力。

二、语文教育的生态因子

语文教育生态系统的生态因子有很多，任何与语文教育相关的教师、教室、教材等都是其中之一。而对于语文教育的良性生态因子，根据失衡问题的分析，研究认为主要包含教育主体、教育资源、教育过程、教育环境、教育关系、教育规律等。主体、资源和过程侧重于语文教育体系内部的建构与完善，环境、关系和规律则指向对语文教育有较大影响的因素分析和利用问题。这些生态因子共同构成了语文教育的生态系统，共同促进语文教育的生态平衡发展而各个生态因子系统的互相制约和共生发展，也是语文教育生态系统能达到平衡发展的决定性因素。根据生态因子的不同，语文教育生态系统可下分为教育主体系统、教育资源系统、教育环境系统等，任何一个因子系统发展的超前或者滞后，都会直接影响其他因子系统，从而造成大系统的割裂与失衡。

教育生态系统因子中，教育生态主体和教育生态环境是两大不可分割的部分，也是一个由多种生态因素组成的复杂整体，它们都对教育者和受教育者在教育活动中的认知、情感和行为产生影响，对教育活动进程和效果施加持续的系统干预。

因此，要讨论语文教育的良性生态因子，最重要的是考虑"两个主体"和"三个环境"："两个主体"指教育者和受教育者，"三个环境"指自然社会环境、学校家庭环境、个体内在环境。除此之外，还有"两个关系"和"三种规律"："两个关系"指人与人的关系、人与环境的关系，"三种规律"指自然规律、社会规律、教育规律。

（一）语文教育生态主体

从生态哲学的意义上看，生态就是由生命要素组成的主体的自我成长和更新。而在教育中，这个生命要素组成的主体就是人。因此，语文的良性教育生态主体是人，目标就是培养人，生态自然的人，平等共生的人。

1.回归教育生态主体的自然性

这里所说的"自然"不等同于古代农业文明中处于被动仅仅敬畏的"自然"，而是生态文明时代里主动生态化的"自然"。也就是尊重人的个体价值，尊重生命本身的意义，顺其自然去引导，使之成为他应该成为的人。

（1）这是自然规律的根本要求

人是自然界的一部分，追求教育主体生态化的自然，是顺应自然规律的必然选择。这要求语文教育重视人的自然属性，更不能过多去干涉和破坏人与自然的和谐共存与发展。

（2）这是人和谐发展的真实需要

人本身是由具有自然性的生命要素构成的，人的发展与自然规律、自然环境、自然因素息息相关。要达到人的和谐发展，就需要在教育过程中主动发现和把握人的身心发展自然特点，遵守其自然发展规则，积极寻找人在教育中的生态位。生态心理学等研究人类身心规律的学科不断发展，为语文教育目标的生态自然提供了有利条件，这要求语文教育关注情感熏陶，尊重个体生态差异。

（3）这是社会发展对教育的时代要求

当前社会主义和谐社会的建设对高素质的生态型人才提出了要求，这种人才的核心特征就是身心和谐，有强烈的生态理念。人们在社会生活中，除了成为某一行业的专家外，还应具备与其职业活动及生活方式相关的自觉环境保护意识。

2.实现两个教育生态主体的平等共生

语文教育生态系统的主体包括教育者与被教育者。二者的相互共生，是教育生态平衡的关键要素，教育者和被教育者在教育系统中互相依存，相互作用，且能够彼此转换。

首先，教育者的客体化。语文的教育者首先应该是个受教育者，母语的学习是终身的，教育者对语文的学习也应该是伴随一生的。因此，在教育过程中，要求教育主体能主动意识到自己的客体化，并能够在大语文教育体系中接受教育。其次，实现被教育者的主体化。受教育者在教育过程中不能始终处于被动接受状态，而应该成为学习的主体，主动学习。最后，实现教育者与被教育者的平等化。语文教育关系的三个层次，最低层次是教师主体化，较高层次是学生主体化，最高层次则是师生真正的平等，也就是教师会教、学生会学，师生各自以一种理想能量的互动关系存在，既不失位，也不越位，共同协调、促进语文教育的和谐发展。在教育者与被教育者的平衡中，还要求社会给予足够的支持，建构起覆盖全社会的教育网络体系，让教育者和受教育者都有足够的社会资源支撑学习，而不仅仅限于课堂。

（二）语文教育生态环境

教育的环境往往是自然因素、社会因素和文化因素（包括人的心理、生理因素等）相互交叉渗透、融会贯通的复合生态系统，也可视为是由教育的自然环境、社会环境、规范环境和教育对象的生理和心理环境的综合。教育生态环境对语文教育的发生、存在和发展产生着影响与反影响作用。语文教育一方面需要积极主动去适应环境的发展要求，同时也能积极有效地利用环境获得自身更好的发展。因此，语文的良性教育生态环境包括四方面。

1. 开放自主、教学相长的学校生态环境

学校生态包括了学校以学风为代表的学习氛围，以教风为代表的教学氛围，以校园文化为代表的文化氛围。因此，语文教育需要营造一种开放自主、以学生为本的生态环境，让学生自己把握学习的主动性；同时也需要营造一种教学相长、专心从教的生态环境，让教师在教学中展现价值，而不仅仅是传授知识的工具；此外还需要营造一种学校开放包容、自由文明的生态环境。转变办学模式，从教育管理理念上就树立起大语文观，与学生家庭、其他高校等社会各界形成整体效应。

2. 氛围融洽、重视母语的家庭生态环境

家庭教育是语文的重要教育资源，父母亲人也是语文重要的教育者之一，潜移默化地发挥着或正或反的作用。作为母语教育，语文教育比其他学科更容易受到家庭因素的影响。家庭生活是大学生日常生活的重要部分，家庭在母语的学习和使用中占有不可替代的独特位置，因此也成为语文教育重要的教育资源和实践平台。一个良好的家庭文化氛围，能有效提高语文教育的实际效果。而作为人际关系中的重要部分，父母亲人的语文素养、教育理念和学习方法，对大学生也有着"润物细无声"的潜在影响。有效的语文教育，应充分肯定和利用家庭对大学生良好语文素养形成的积极因素，让学校、家庭和社会在密切结合和相互促进中推动语文教育的发展。

3. 健康稳定、积极向上的个体内在环境

个体内在环境指的是受教育者个体内在的身体、心理因素。身体因素是比较容易理解的，健康的身体是学习的基础条件。而同样地，心理因素也是学习中有较大变量的生态条件。越来越多人开始认识到健康的重要性，积极锻炼，打好身体基础，是有效学习的先决条件和必要条件，对语文而言亦是如此。而心理因素就较为复杂，包括需求、愿望、情感、认知、信念等。因此，语文教育在个体受教育者身上到底实效如何，兴趣、意志、性格和习惯都会起到一定的作用。

（三）语文教育生态关系

在教育生态系统中，生态关系就是指与教育相关的所有生态因子之间及其与生态环境之间的关系。那么，在语文教育生态系统中，就是师生、生生、与父母亲人之间的人际关系，以及个体与语文教育环境之间的关系。各种生态关系形成了生态链，任何一种关系的破损和断裂都会引起生态链的危机，从而影响生态系统平衡。因此，语文的良性教育生态关系首先分为人与人之间的和谐关系、人与环境之间的和谐关系。

1. 人与人的和谐关系

（1）平等和谐的师生关系

师生最显性，也最直接作用于语文教育的人际关系，因此也备受关注。在生态系统中，师生关系不是教育者与被教育者之间的固定模式，而是可以互相转化的。在终身母语教育中，教师既是教育者、也是受教育者。作为独立的生命个体，师生之间也应该是平等的。在语文教育生态系统中，最首要、最关键的就是师生关系，使之平等、协调、合作、对话，互相促进、彼此交融。

（2）融洽和谐的亲情关系

前面谈到作为人际关系中的重要部分，父母亲人的语文素养、教育理念和学习方法，对学生有着"润物细无声"的潜在影响。这一点在幼儿教育的研究和实践中已经得到了验证，教育从来都不仅仅是学校和教师的责任，也是社会和家庭的义务。作为最重要的交际工具，母语在父母亲人与学生个体的交流中有举足轻重的作用，从而也对语文教育的外在系统起作用。一个不重视语文教育并很少与孩子讨论语文素养、文化传承、审美体验的父母，带给孩子学习语文的兴趣和态度都会是负面的。

（3）合作和谐的学生关系

作为独立的生命体，学生在教育生态系统中也与其他个体之间有着相互影响的密切联系。在课堂上学生之间的关系比任何其他因素对学生学习的成绩、社会化和发展的影响都更强有力。教师虽然向许多学生同样施教，每个学生各以自己独特的方式去掌握。这样的情况在语文教育中清晰可见。因此，在语文教育中，需要更多组织和调动学生之间的合作精神，促进学生之间情感的交融、思维的碰撞。

（4）团结和谐的教师关系

教师个体之间的社会责任、社会权利和社会地位都是平等的，因此平等互尊是最重要的交际原则。这要求教师之间应该互相尊重、互相欣赏，在学生面前自觉维护其他教师的权威，给予其他教师的教学思想、方法和劳动成果足够的尊重。同时自觉营造好团结协作的氛围，让教师之间存在的意见分歧，通过交流对话的方式加以解决。一个积极向上、团结协作、理论联系实际的语文教师团队，对教师自身素养的提高、教育理念的提升、教学水平的加强都是有积极促进作用的。值得注意的是，教师处理同事关系的行为为学生与同伴群体、成人交往提供了参照，是学生学习语文的学校生活环境，学生往往会将教师之间的交往行为与语文教师传递的人际关系处理理念相印证。

2. 人与环境的和谐关系

语文教育的生态环境前面已经讨论过，不管是教育者，还是受教育者，与社会、家庭学校以及个体内部环境之间都存在着各种复杂的关系。普遍联系是生态哲学的重要观点，也是对语文教育优化的重要启示。这些复杂的关系包括范围非常广泛，例如，从宏观来看，教师与政治、社会、经济背景之间的关系，学生与社会道德水平之间的关系，以及师生与高等教育发展之间的关系；从微观来看，师生与教材、课堂的关系，与网络社会媒体交流之间的关系等。环境是个复杂的多面体，因此人与环境之间的关系优化也是一个复杂的多元体系。这要求我们尽可能全面去考察语文教育面临的各种环境要素，去分析各个要素对个体的正反作用，并对其权重有所判定。在具体的教学实践中能够全面、系统、动态地去看待每个要素，并着力于发挥其正面作用，抑制和规避其反面作用，这对语文教育效果也是非常重要的。

每一种生态关系都存在紊乱和协调、互补和对冲等状态。对生态关系的优化，就是让生态关系处于相对整体协调、互补共生的状态，尽量避免紊乱和对冲相克。语文的良性教育生态关系就是人与社会、学校、家庭之间的和谐共处，以及人与自身个体内在环境的和谐统一。

三、语文教育的生态特征

生态系统理念和动态平衡理念是生态哲学的基本理念，生态圈理论、全面和谐发展理论、可持续发展理论是生态哲学的三个基本理论，整体观、和谐观和发展观是生态哲学的三个基本观点。从这个理论基础出发，研究认为语文教育作为复合生态系统有以下特征。

（一）语文教育的整体有序性

生态系统的整体性观点是生态哲学的基本观点。大卫·格里芬的有机整体论指出世界是一个网络，整体与部分、部分与部分之间相互包含。生态系统的整体性主要表现在其和谐、有序和动态。那么，相应的语文教育生态系统也有和谐、有序和流动的特点。语文教育受到社会、文化、经济的环境影响，彼此适应互相统一。语文教育内部的各个生态因子，教师、学生、教材、教学法也是互相联系，彼此作用的。在语文教育的系统内部，还有多个子系统，这些子系统有自己的位置和秩序，但同时不管是生态因子还是子系统都是在不断动态变化中的。这种和谐、有序和动态共同构成了语文教育生态的整体性特征。

（二）语文教育的普遍关联性

德国生态哲学家汉斯·萨克塞指出，生态哲学的根本任务就是告诉人们用广泛关联的整体观点看问题。生态学的前提是自然界所有东西联系在一起的。美国生态学家巴里·康芒纳在《封闭的循环》[1]中指出每一种事物都与别的事物相关。生态系统的每一个环节都不是孤立存在的，必然与其他的环节互相关联，牵一发则动全身。因而，语文教育生态系统内部的每一个生态因子都是普遍联系、相互作用的，不可分割来看。每个生态因子的变化，都不可避免会引起其他因子的变化，因此各因子之间需要互相约束共生，协调发展。

同时，生态因子与外部环境之间也是有联系的，语文教育与自然环境、社会文化、科学发展等因素都是有着密切关系的，绝不能单单从语文的视角来看语文的问题和出路，必须结合起来研究。了解这一点，对我们全面把握语文教育的问题，建构优化的实施策略有着重要的意义。

---

[1] 康芒纳.封闭的循环[M].侯文蕙,译.长春：吉林人民出版社,1997.

（三）语文教育的过程共生性

语文教育生态系统具有协调共生的特性，而且这种共生是在系统中的生态因子互动的过程中产生的，包括系统内部的教育主体之间、教育主体与教育环境之间，以及语文教育生态系统与其他学科教育生态系统之间的共生和竞争。这种共生和竞争都是不断运动变化的，没有永远的朋友，也没有永远的敌人，一切都在过程中。

从这个意义上说，语文教育的生态因子之间是平等的，生态因子之间、生态子系统之间是可以正当、合理、良性竞争的，在过程中的协调共生才能促进语文教育的全面、健康、可持续发展。

第二节 语文教育的生态课程建构

课程是一种微观教育生态，构成这种微观生态系统的生态因子有课程目标、教师、学生、教学内容以及教学方法等，因子之间平等和谐、互动共生。语文生态课程追求一种回归自然、崇尚自主、整体和谐、交往互动、开放生成和可持续发展的课堂，是学生学习、成长和完善生命发展、提升生命质量的平台，同时也是教师专业发展、走向成熟的舞台。

理想化的语文课程是师生之间交往互动，共同发展的过程，在一种平等、和谐、开放的教育微观生态环境里实现全面和谐的发展。根据对语文良性生态因子的分析，针对语文生态失衡的探究，研究认为语文生态课程的建构应从课程定位、课程设置、主体优化三方面去努力。

一、语文教育的课程定位

（一）确立多维目标

生态课程观要求课程最终目标是为使学生能够与自然、社会和谐共处，并从中汲取力量、获得智慧进而使身心得到和谐发展。这种发展是系统全面的，不能简单理解为提高语文表达能力或人文素养。语文课程的功能是综合性的，不仅是通过知识学习促进大学生人文素养的手段，而且与德育、体育、美育相互促进，共同完成对学生进行全面发展教育的任务。因此，语文作为一种素质教育，应具有更强的多维综合性，发挥语文教育对学生语言修养、文学修养、文化素养、人格品质、思维创新等方面的多种教育功能。

具体来说，首先是培养健全的人格，着眼于人的生存和发展本身，思考人的生命价值，获得自我完善、自由发展、平衡和谐的生存智慧；其次是要提升审美水平，引导学生通过自己的思考去提高美和丑、崇高和卑劣、优雅和粗俗的感知力和辨别力；再次是培育情感，唤醒学生丰富、自由、敏锐的心灵，去关爱生命、关爱他人、关爱世界上一切美好的事物；最后是培养独立思维，在丰富的语文教学资源中引导学生自觉、自主去关注和思考世界上的一致性和差异性、理性和非理性。

这些目标看似复杂多样，但其内在是辩证统一的，在教学活动中是无法完全分开单独存在的。只是需要在课程设置和实施过程中在不同的阶段，根据不同学生的特点，通过不同的教学资源去实现。

（二）融合多元文化

生态课程观要求把课程看作一个开放的系统，这种开放性决定了语文的课程性质必须有多元文化的融合，并体现在语文课程的母语特性和丰富内涵上。

1. 语文学科有独特的母语工具性

语文是所有学科的语言工具基础，无论学文学理、务农经商、男女老幼，都要用母语来学习和表达，任何一种科学文化的知识、信息、情感的传递也都必须以母语作为载体。而母语是需要终身学习的，因此，可以说语文课程在本质属性上就必然承载了各种文化。

2. 语文教育从古至今都与各种文化交融

我国的语文教育历史十分久远，且一直与经学、文学、史学、哲学、伦理学等融合在一起。天文、地理、历史等，都是以母语文本的形式，在古代教育中发挥着作用。而在现代，语文教育就是生活教育，生活中的所有文化都是语文教育的内容范畴。因此，也可以说语文教育内容的丰富性就体现了多种文化。那么语文课程从内容上也应该是多种文化的体现，注重多元文化的彼此交融。

3. 语文是通才教育的重要部分

在现代社会里，竞争愈加激烈，跨学科的复合型人才备受欢迎。全世界都越来越重视对大学生实施通才教育，而语文课正是其中必不可少的重要一环。从教育性质和功能上来说，在语文也需要有意识去融合其他学科的文化内涵，并有机结合到语文教学中来。

（三）凸显民族精神

在人类的初等、中等和高等的三级教育之中，高等教育主要是精神的，侧重于发展人内向度的精神品质，如自主精神、审美精神、信仰精神，并不断指向自由。这不仅是人的发展规律所决定的，也是日益发达的现代社会对高等教育提出的根本要求。而一个民族把自己全部精神生活的痕迹都珍藏在民族的语言里。

在经济全球化的大背景下，全世界几乎所有的国家都在自然科学与人文科学等方面进行着激烈地碰撞和交流。这种碰撞、交流是开放性的体现，但同时我们也不得不警惕。

作为高等教育和母语教育，语文必须担负彰显民族文化、凸显民族精神的使命。这就需要我们注意挖掘民族文化的精华，有意识让学生认识、理解民族的优秀文化，并注重文学作品强烈的形象性、艺术感染力以及人格和道德的感召力，以此引导学生由衷产生对民族的认同感和自豪感，从而将我们千年历史沉淀下来的民族精神继续扎根和发扬。

二、语文教育的课程设置

（一）增加课时量，保障基础地位

要以"创新、协调、绿色、开放、共享"新发展理念为统领，遵循教育基本规律，顺势而为，积极作为。把协调发展作为高等教育新发展的基本要求；把绿色发展作为高等教育新发展的重要内容，促进形成人与自然和谐发展的格局；把开放发展作为高等教育新发展的重要原则；把共享发展作为高等教育新发展的价值追求。要树立多元化和多样性的质量观，平等地对待每个学生，为每个学生提供适当的教育，促进每个学生的健康发展，促进教育教学水平的整体提升。

我们在积极引导学生正确认识语文课程的同时，更需要保障语文的基础地位，从国家层面给予更有力量的规范和指导，在各个高校开设语文，并作为通识必修课，要求各个专业的学生都要学习。

适当增加课时量，从语文课程本身的特点来看，主要应该在低年级开设，且至少开满一学期并保证每周4课时，即总体上达到72课时的教学量。注意在课时安排上给予语文教学一定的实践课时比例。让语文教学来自生活，回到生活。适当增加一些学时进行生活化的写作和阅读训练，根据学科特点和地域特色创造性安排一些语文实践环节。

（二）注重衔接性，凸显母语特性

从语文教育系统的纵向来看，语文教育系统应该是由学前语文教育、学校语文教育、学校后语文教育构成的。学前语文主要来自家庭教育，学校语文包括基础教育和高等教育，学校后语文教育则指的是从学校毕业后以社会交往为主的继续教育。这个语文教育系统体现了母语教育的终身性，也决定了语文教育的连贯性。

语文教育既是语文教育的承接，又是学校毕业后的语文继续教育的基础，它应当针对低年级大学生在义务教育和高中阶段接受语文教育后的实际水平，服从于各类高等院校非中文专业学习及其培养目标对学生语文素养的要求，面向全体非中文专业的学生，帮助这些学生切实提高语文修养和能力。因此，在语文课程安排上应该与语文有较密切的衔接，不能与基础教育完全脱节。

（三）考虑差异性，区别设置课程

不同层次、不同地域和不同专业的大学在语文教育的功能和性质上是有差异的，学生的基础不同，接受能力和培养目标也有所区别。因此，在课程安排的时候也需要考虑这种差异性。

1. 教学目标的差异

理科偏重语言文字的基础运用，文科偏重文学作品的欣赏写作；高校高专院校偏重语言能力，本科院校更强调人文素养。高校重在发展和完善学生的知识结构，普通本科院校则侧重于培养学生的文化性和审美性。这种差异在适度的前提下是符合教学规律的。但需要有一定的尺度把握，有足够的考核监管。这就牵涉到与之联系紧密的教学大纲等管理规范问题。

2.教学内容的差异

如果一开始就给语言水平还不够的学生教授较为晦涩的经典文本，很明显会打击学生的学习兴趣和积极性。以教材为主的教学内容的选择和安排，都需要根据学生的普遍特点来综合考虑，不能统一而论。因此，在教材编写上不适合全国统一版本，而应该根据高校高专、理工科、军校、医学院等不同的特点，编写有针对性的教材，满足学生对语文的基本学习要求，又能与专业学习紧密结合。

在安排具体的教学时，还可以结合更细小的专业分类、更明确的地域特色，使之与学生的生活更加相通，增加教学资源的针对性。例如，结合学校所在地增加民俗历史内容，结合艺术专业加大审美体验比重等。这需要教师在教学过程中去主动把握差异性，抓住学生的特点和兴趣，增强教学的针对性和实效性。

（四）激活创造力，稳定教师队伍

在语文的课程设置上应该充分给予教师队伍明确的地位，有专门的教研机构，有和其他教师一样的科研条件、收入待遇和晋升机会。从根本上解决语文教师队伍不稳定的现状。具体来说，在已经有公共教学部等教研机构的学校，在遴选、培训和考核等方面对语文教师的生态环境加以优化，激发活力；在语文还设有专门教研机构的学校完善体制，给予语文足够的重视，保障基础地位，确保专职教师的基本比例。语文课程作为高等院校的基础课，课程设置应该更加专业化，更加符合学校和学生的特点，从源头上让语文课程设置走向完善。

三、语文教育的主体优化

针对语文现状中师生关系的失衡问题，以及语文教师整体素养不高、队伍不稳定的问题，在生态课程的建构中，应该将教育的主体扩大化和多元化，体现不同生命体的丰富性和个体生命的价值。

（一）把握语文生态课程的教育主体特征

1. 学生是不可替代的独特主体

第一，语文的学习只能是大学生自身主动进行的认知活动。教师的讲授、示范以及训练，都只有通过大学生自己的认识、实践、体验、内化生成才能起作用，而这个过程也只有由大学生自己积极主动地完成，效果才能最大化。

第二，语文教育的主要目的是学生的全面发展。学生的全面发展正是建立在自己成为学习主体的基础上，完成人文素质的提高和精神修养的升华，实现教育的最终目标。

2. 教育者的构成是丰富多元的

语文教育生态系统中的关系因子，决定了教师、同学、父母家人、朋友、一场讲座的主讲人、一场辩论的辩手、一部电影的编剧等都可以成为语文教育的教育者。而这其中，教师、父母家人、同学、朋友因其人际关系的亲密程度，人际交往的频繁程度，成为学生个体最重要的教育者。这种多元的教育者观念，能让学生更有意识去学习生活中的语文，提高学习的效果。当然，教师仍然是教育者中最重要的力量。

3. 教育主体之间的角色可互换

教育主体指的是在教育活动中占主导位置的人，在语文教育生态化系统中，教育主体不仅是教育者，也是受教育者。教育者和受教育者作为生态因子是互相联系的，不仅互相影响，也可以互相转换。教师是教育者的主要力量，但同时也是母语终身教育的受教育者。学生是典型的受教育者，但在合作探究性的教育过程中，又能因其对新生语言的敏感度，对网络文化的熟悉度，承担教育者的角色。这种互换在生态系统中是正常的流动，对语文教育的健康发展也是非常有益的。

（二）塑造语文的生态型教师形象

语文教师是语文教育生态系统中最富有生命力的生态因子之一。作为教育主体的重要部分，教师自身的教育理念、言语行为、人格魅力、情感价值和专业素养对受教育者，也就是学生，能产生重要的影响，在与传统课程不同的生态环境里，教师需要重塑自己的形象，但这并不仅仅指完全放弃自己的主导地位。在具体的教学行为中，在丰富的师生互动中，关注生命价值，转换角色，丰富教学技能，树立自身的人格魅力，精心设计教学语言，因材施教、不断反思才是语文教育生态对教师的根本要求。

1. 转变教师的教学理念

教师只有先塑造自己，才能塑造别人，从传统观念中跳脱出来，形成开放的绿色生态课程观。

（1）率先树立生态意识

教师自身对生态文明、生态文化，尤其是教育生态学要有足够的认识和了解，这样才能把对生态意识的理解深化，从而内化到自己的教学之中。也只有真正树立了教育生态理念,才能正确认识目前语文的教育危机,正确认识教育生态系统的特点,把握语文教育系统的优化原则。用平等的眼光看待师生关系,用开放的眼光看待教学资源,用可持续发展的眼光看待教学评价,在教学中引导学生发挥主动性,确立生态意识,真正将语文课上成绿色生态课程。

这就要求语文教师不但要致力于一线教学实践,也要自觉学习国内外教育生态学范畴的著作及最新研究成果,在实践工作中注重理论思考总结,在理论学习和研讨中贯彻生态意识。

(2)正确认识教与学

传统的教学理念是教师主导,忽视学生在学习中的主体作用。在基础教育的课改作用下,使学生成为一个发现者、研究者和探索者的观点越来越受到大家认同。

(3)关注生命教育

生态价值观认为生命价值才是最本质的价值追求,教育就是要回归和实现人的生命价值,提升学生的生命质量。教师就需要最大程度激发学生学习的潜力,回归和实现学生的生命价值,满足学生内在成长的需要。

生命教育是语文教育的内容之一,关注生命教育不仅能让个体在受教育的过程中学习到相应的知识和技能,更重要的是让个体有丰富的生命涵养,能够与他人、社会和自然建立良好的互动关系。教师可以通过有丰富内涵的教学资源,引导大学生认识和理解生命的可贵;通过精心设计的教学环节,激发大学生珍惜和追求自身的生命价值;通过对文学艺术的审美体验,帮助大学生发现和创造生命的美好;通过形式多样的实践活动,培养大学生正确的生命态度、生命意识。

2. 提高教师的综合素养

（1）重视自己的人格魅力

人格是教师的灵魂，对学生有着重要的影响。教师人格是指教师作为教育活动的主体，在职业劳动过程中形成优良的情感及意志结构、合理的心理结构、稳定的道德意识和个体内在行为倾向。

教师人格蕴蓄于内，行诸于外，是教师内在素养和外在言行的高度统一。这种统一没有职称、年龄和社会地位的影响，看不见摸不着，却对学生有着强烈的感染力和示范性。因此语文教师在教学过程中必须重视自己的人格完善和展现，以自身的人格魅力感染学生，言传身教。教师的人格魅力体现在处处为学生着想的小事上，从教学生活的点滴细节中向学生传递为人之道。

（2）展现自己的独特个性

教师的职业形象，是其精神风貌和精神状态与行为方式的整体反映，包括道德、性格、气质、兴趣等内容。在长期的教学实践中，语文教师在学生中的形象过于整齐划一，偏向冷静理性，这既有教师这一角色固有的刻板印象，也有语文给予教师发挥的空间还不够广阔的原因。

教育是在一定社会背景下发生的促使个体的社会化和社会的个体化的实践活动。在倡导个体生命价值的语文教学中，不仅学生需要珍惜和发展其个性，教师也需要保持和展现自己的独特性。教师的个性展现对学生有着较强的示范和鼓励作用。对事件有自己的独立思考，对文本有自己的独到见解，这样的教师在教学中自然就会引导和感染学生不迷信权威，善于思考、勇于创新。

3. 丰富教师的角色定位

语文学科自身的丰富性、生态教育决定的多样性，都让语文教师的角色变化多元成为必然。这要求语文教师遵循语文教学的丰富规律，使学生的主体性得到真正释放，创造性得到真正发挥。同时，也明确自身职责，坚持自身定位，不在社会变迁和教育危机中迷失方向、失去自我。

（1）思维的点火石

大学生的思维模式相对中高校而言已经趋于稳定，但在语文课堂上多数学生习惯于跟随教师的教学思维，没有机会或者不愿意让自己的思维活跃起来。这就需要语文教师通过精心设计的教学环节触发学生的思维火花，营造一种活跃的课堂氛围。做学生思维的点火石，而不是牵引者，激发学生个体的自主思考，而不是跟着教师的思维走。"抛砖引玉""一石激起千层浪"，这块"砖"和"石"应该就是语文教师首先要成为的角色。但必须避免的是，为了追求表面的热闹让形式大于内容，通过一些与教学目标相去甚远的教学设计和问题来制造讨论，偏离语文教学的轨道。

（2）课堂的导演

如果说过去语文教师像个主演，在课堂上要充分表演，通过自己的台词和肢体吸引、感染和带动学生；那么现在语文教师更应该是个导演，透彻理解剧本，精心设计镜头，明确表达目标，并善于采用丰富的语言和动作将学生演员带入到课堂这个舞台，让学生自主创作和表演，更深入挖掘剧本的内涵和精髓，更生动表现出作品特色和灵魂。一个出色的导演，既要对剧本了如指掌，对舞台有整体把控，也要对演员有足够信心和耐心。同时，还要能敏锐地看出演员的问题，及时加以点拨和纠正。把课堂还给学生，给予学生发挥主观能动的机会，在教学资源的选择、教学环节的设计、教学评价的设置上都充分尊重学生的意见，增加学生参与主导的比例。只有这样才能让学生真正成为语文教育的主体，激发他们"表演"的热情和积极性，并在"表演"中加深对教学内容的理解和内化。

但也要避免教师过于放手，变成放任。教育始终是一个有目标的行为，不能完全让课堂自由发展。因此，从主演到导演，只是退居幕后，而不是袖手旁观。教师在课程中的主导作用，与学生的主体地位是辩证统一的。

（3）学海的舵手

在语文教学中，教师还需要带领学生在茫茫学海里找到正确的方向，朝着更积极、和谐、全面的方向发展。

在实践中我们发现有的教师为了营造活跃的课堂气氛，让学生充分展现个性，对学生在学习中的错误、局限、误解、偏差都一味采取赞美、肯定的态度回应。特别是倡导以问题为导向的学习模式中，如果教师不及时指出学生的错误和偏差，不提示和引导问题背后的深层次内涵，不升华和扩展问题的高度和广度，那么学生的语文学习就不可能达到融合多元文化、渗透主流价值观的人文教育目标。

因此，语文教师还要扮演好舵手的角色，在教学中把握方向，及时纠偏，将学生引向全面和谐可持续发展的最终彼岸。当然也要避免介入过多，越位代权。纠偏的时机和方式如何能让学生接受又达到最佳效果，也需要教师掌握更多的教学艺术加以探索和实现。

第三节　语文教育的生态化教学设计

作为生态学视域下的语文课程，本质上是一种教育生态的微观系统，所以说教学是一个系统的过程，这个系统的每个生态因子，如教育者、受教育者和课程资源、课程环境等，都对教学效果起到至关重要的作用，需要用整体观、和谐观和系统观去看待。这种在整体和谐系统观指导下的教学设计，必然是有多个环节，且每个环节互相联系，协同运作，缺一不可，以实现系统的稳定和谐平衡。因此，课程的准备、实施、评价、修改教学都是作为一个整体过程去看待的，而不仅仅是课堂几十分钟的交互实施环节。整个系统中也不能过分强调任何一个环节的突出作用，但必须确定每一环节对实现预期结果所做的贡献。特别是，课程教学系统中必须具有非常有效的评价机制——评价系统是否能带来主动高效的学习，以及当学习失败时对系统进行修改的机制。

一、生态化教学目标设计

根据生态课程的特性，语文的教学目标编写首先应有一定的弹性、可变化性和个性；其次强调知识的情景性、整体性，强调知识应在大语文环境中展现，学生应在完成真实任务的过程中达到学习的目的。

（一）根据学生实际情况，弹性设计教学目标

不同层次的学校，不同专业的学生，都是有所区别的，这就要求教师在设置教学目标时要留有余地，能够有伸缩的空间。教学目标不完全等同于学习目标，因为学习目标是由学生自己确立的。因此，对教师来说，注意设计的教学目标与学生生成的学习目标有一定的契合度，非常重要。这就要求语文教师不能一次备课管好几年，不论哪个专业的学生、哪个时间段都用同一个教案。与学生有效沟通，提前了解学生需求和现状，也就是学生的学习能力起点，这是首先要做到的。在从多数学生实际出发，根据大多数学生的"最近发展区"制定教学目标之后，也需要对个别特别优秀和相对落后的学生有所兼顾，也就是说教学目标的设置应该在某种程度上富有弹性，允许一点个性化的区别。

（二）根据教学资源实际情况，系统化设计教学目标

教学目标是一门课程目标的具体化。因此，在设计针对一篇文本、一个教学资源的教学目标时，既要围绕这个文本、这个资源，又不能仅仅把眼光放在一篇文本上。"大语文"的教学观，母语教育的课程理念，生态课程的特点要求，都需要语文教师在设计教学目标时，具有整体观和系统观，根据学生循序渐进的教育规律，根据语言学习的基本规律，根据教学资源的具体情况，有意识地将"这一课"放到一个单元、一个学段的时空中，以及放到一种语文能力、一个人的语文素养这样更庞大的体系中。因此，深入探寻这个教学资源在课程体系中处于什么位置，有什么特点，能达到何种预期效果，与后面的学习有何种关系，是教学目标设计中需要注意的。

（三）根据对教学过程的关注，展开性设计教学目标

生态学视域下的语文研究认为语文教育重要的是过程，而非结果。在对教学目标的设计中，不仅是要预期教学效果，而且要将目光聚焦到学习过程中高校学生的行为表现和情感体验。这就要求语文教师认真研读深挖教学资源，充分了解学生，在课程中设计一些能够引发学生思考和讨论的问题，激发学生的学习主动性。但同时，要注意不能将问题抛出来让学生自己去讨论出一个统一的结果。这里所说的语文教学目标不应该总是确定的、必须达成共识的，而是在这个讨论的过程中高校学生能够得到和提升的。给学生展开的空间，这也是教学目标设计中就应该考虑的。

（四）根据学习者的表现，设计反思性教学目标

生态课程观要求教学目标是开放性的，这符合语文教学的特点。语文能力的提高不是一门课程就能做好的，语文教育的教学目标应该是具有一定开放性

的，在这一文本中，这一阶段的高校学生到底能获得什么，这不仅仅是教师的判断，还应该是学生的自我反思。而对于大学生来说，对自己的学习已经能拥有足够理性的了解和判断。因此语文教学过程之后的结果是教师要考虑到的因素，但教师也要关心学生在教学活动中做了什么、做的结果怎么样，以及学生对学习过程的感受和反思。也就是说在教学目标设计中就要考虑让学生意识到自己在语文学习活动中做了什么、做的结果怎么样。

二、生态化教学资源开发

（一）理解生态化教学资源的特征

语文生态课程的教学资源具有开放性、生成性和生活化的特点。

1. 教学资源是完全开放的

生态化课程资源没有文本的限制，没有内容的限定。以教材为代表的文本资源毕竟是有限的，有题材、体裁、篇幅上的限制，同时也将目前非常重要的媒体资源排除了出去。语文教育应当走出文本的束缚，以开放的姿态，将生活中的所有语言片段、文字材料、媒体数据都看作是课程的资源。只有将生活的方方面面都当成课程资源，才能让语文在母语教育的属性中，在大语文观的审视下，丰富多元、生动具体。

2. 教学资源是不断生成的

在现实中各种鲜活的语言现象、不断产生的文学作品，都是语文课程的重要资源。这些资源每天都在不断更新，有的词汇消亡了，新的词汇又产生了。经典的文学作品还在变换角度解读，新的文学现象又在前赴后继中催生。特别是网络文化的冲击，我们的语言和文学都在迅速发生着变化。每年都有网络热词产生，其中有的昙花一现，有的则日益普及被收进了字典。前些年还受到批判的网络文学，如今已经登上大雅之堂。不关注这些变化着、不断生成的课程资源，语文教育就会失去活力，失去对生活的映照。

3.教学资源是与生活同步的

和其他学科的课程资源不同，母语教育与师生的日常生活紧密相连。不论是口语交际，还是书面表达，抑或是思维过程、情感抒发，母语是基本工具，母语教育也就与每个人生活的每个过程都息息相关，不可分割。语文教育是母语终身教育中的一环，因此可以说语文课程生态化资源，与个体生命中的高等教育这一阶段生活基本是同步的。

（二）重视隐性课程的生态教学资源

将语文课程的教学资源看作是动态生成的生态化开放体系，让母语高等教育扎根生活，与生活密切相关，回归生活，成为生活的一部分。这也是语文课程生态化的重要步骤。

隐性课程是与显性课程相对应的范畴。显性课程是学校教育中有计划、有组织地实施的"正式课程"，也就是我们课程表和成绩单上能够看到的课程。而隐性课程则是学校通过教育环境（包括物质的、文化的和社会关系结构的）有意或无意地传递给学生的教育经验。因此，语文隐性课程指在学校规定的官方语文学科课程之外，潜移默化地影响学生的知识、态度、价值观念的非预期的语文课程。作为语文课程系统的生态因子，隐性课程是对传统语文显性课程的补充。隐性课程资源的有效开发不仅可以优化语文课程结构，为反复的语言实践提供超越课堂时空限制的平台，在潜移默化中提高学生的审美素养和人文修养。

语文隐性生态课程资源相对显性课程资源来说，有潜在性、广泛性和不确定性、难以定量等特点，也有语文课程特有的审美体验性。隐形课程资源从呈现状态来看可分为物质文化资源、精神文化资源和行为文化资源。

1. 物质文化资源

物质文化资源包括校园所在的地理位置、周边环境及学校的建筑风格、空间布局，教室内的布置，以及校园的石刻雕像、道路名称等。苏联伟大的教育家苏霍姆林斯基说："一所好的学校连墙壁也能说话。"[①] 学校物质环境的好坏，实际上就体现了教育管理者的价值观。

2. 精神文化资源

精神文化资源既包括学风校风、人际关系、文化氛围，也包括学校制度、办学宗旨、教育价值观等。学校的各种规章制度以及校训、校园精神和教风、价值观念等都能激励、感染和引导学生完善个性，提升素养，为教学创设良好的环境氛围。

3. 行为文化资源

行为文化资源包括师生交往、生生交往等各种人际关系行为体现出的文化资源。其中的教师个人魅力展现、学生个性特征表达、交际礼仪文化等，都能对学生产生影响。同时，师生交往和生生交往都主要体现在教育过程中，这个交往过程中的一切都能成为语文的教育资源。

认识和利用语文隐性的生态课程资源，就是要将学生从课本中解放出来，让学生与自然、社会和现实亲密接触，在与现实生活的接触、撞击中感受生活、认识生活，从而主动地学习。

---

① 苏霍姆林斯基.育人三部曲［M］.毕淑芝，译.北京：人民教育出版社，1998.

(三)把握生态化教学资源的开发原则

显性课程资源和隐性课程资源共同构成了语文的课程资源，要让这些开放的资源整合起来，发挥其应有的积极作用，服务于语文教学，就需要有意识、有计划地开发。而无论是什么样的教学资源，在开发利用的时候都要遵循四个原则。

1. 统合原则

把握尺度，考虑系统性。无论是显性的课程资源如教材，还是隐性的课程资源如校园文化、流行歌曲、教师魅力等，都应该统筹考虑，注重发挥其互相补充、互相促进的合力。而不是为了形式上的新颖，生搬硬套增加一些课程资源，甚至喧宾夺主成为最主要的课程资源。例如，近年来自媒体盛行，有的语文教师就将微博、微信作为课程资源，这个行为本身贴近生活、与时俱进是值得肯定的，也抓住了学生的兴趣点，但如果演变成一个学期都以自媒体作为主要课程资源，或者不加筛选，势必造成学生对语文的误解，放大隐性教学资源作用的同时也放大了其弊端。因此，在对语文课程资源，特别是隐性课程资源的开发，必须要本着统合的原则，将各种形态的资源科学合理地进行组织设计，发挥出整体的最优功能。

2. 自然原则

把握个性，考虑差异性。这里的差异有多个维度：地域、学校性质、学生个体。根据我国的实际情况，不同地方特别是不同民族聚居地的自然差异是较大的，这就造成了民俗文化、地域文化、城市文化的不同，在开发与生活息息相关的课程资源时，必须考虑地域的差异，尊重和遵循其自然性；对于不同的大学而言，综合性大学比专业院校更便于跨学科资源的开发，文科大学或艺术院校文化氛围较为浓厚，本科院校相对来说教师个人素养较高、物质资源更加丰富，因此不同性质、不同层次、不同学科的大学有其固有的差异性，我们在开发课程资源的时候要有针对性；学生个体的差异就更加明显了，需要教师在教学过程中能够加以区别，从课程资源的开发利用上就力争因材施教。

3. 择优原则

把握目标，考虑可行性。语文教育是生活化的母语教育，生活中的一切都可以成为课程资源，但不是每一种资源都能指向优质的教学效果，也不是每一种资源都需要我们立刻全面去开发利用起来的。经济条件的限制、地域性的倾向、学校的特点、教育体制的现状，都会对教学资源提出一定的筛选标准。这就要求我们在面对复杂多样的语文隐性课程资源时，要本着择优原则：一方面要根据学生的心理特征和兴趣进行灵活的设计，以符合学生的心理发展趋向；另一方面考虑开发所要用的开支和精力，以最少的开支取得最佳的效果为目标。也就是有轻重缓急之分，有可行难易之分。

4. 协同原则

把握主力，考虑合作性。语文不仅仅是教师和学生之间的活动，课程资源的开发利用还应该让学校的管理者、课程的制定者、其他学科的教师和教辅人员等加入进来。诚然，语文教师仍然应该是课程资源开发的主力军，并发挥其主导作用。但我们与之相关的其他人也应该主动参与其中，对语文课程资源的开发利用提出自己的见解，主动给予力所能及的帮助。同时，还要注意学生在课程资源开发中的重要作用。学生接触到的各种生活化的资源可能比教师还广泛，学生的关注点也会符合他们的普遍心理特征，教师将其择优利用起来则会事半功倍。因此，语文课程资源的开发需要多个群体的协同，形成一种多元的课程资源开发模式。

三、以人体为界内外兼修的教学内容设计

在常规的环境教育中，往往局限于自然之间的关系。然而在中国传统文化生态观中，宇宙万物均由太虚无形之气化生，因此人与其他万物同本同源，均属于环境教育的内容。语文的施受方是人，所以我们应以人的视角为标准、以人体为界，将此门课程中的环境教育内容分为外在和内在两类。

（一）"天地与我并生"的外在环境

外在环境指生命有机个体生存空间以外各种条件的总和，包括山川、河流等物理角度的自然环境和治国理家等结构角度的集体环境。

1. 自然环境

热爱自然，是马克思笔下的需要人们"事先进行加工以便享用和消化的精神食粮"。诗人于自然物象间寻找着美的感受，他们心中有丘壑、眼中有风景，如"印泥接迹牛羊过，投宿争林鸟雀喧"[1]和"早茶采尽晚茶出，小麦方秀大麦黄"[2]，前者炊烟小村、牛羊蹄迹、林间归鸟……诗人与子孙一同游览、寓情山水时吟诵的这些意象，不仅让他们之间的亲情升温，而且让人与自然之间的互动升级。后者桑绿塘深、茶香麦黄、大好田园……这是诗人丰衣足食的耕作之景，更是他们读书报国的仓实之基。虽然仕途黯淡不畅，但大自然的花鸟鱼虫在他们眼中依然如此美好，热爱自然的是他们热爱生活的心。哪怕理想被现实伤害得体无完肤，他们依然借助"桃花源"般的景色，坚守着"桃花源"般的信仰。

保护自然，让热爱得以可持续发展。秦汉以后，宋代是中国经济史上的又

---

[1] 赵方任.唐宋茶诗辑注[M].北京：中国致公出版社，2001：621.
[2] 陆游.陆游集[M].太原：三晋出版社，2008：111.

一高峰，物质、精神消费品数量、种类都大幅度增加。民众愈加旺盛的需求给自然环境带来了危机，因此取之有度、崇俭禁奢等理念开始进入一些有识之士的视野。如"举世贱清素，奉身好华侈"[1]和"儿曹勿过计，葬穴自有缘"[2]，前者诗人身为当朝宰相，生活富足，但仍力倡节俭恶奢的家风，认为锦衣怒马非但不是高地位身份和高质量生活的代表而赢得羡慕、尊重，反倒会受到有识之士的鄙视唾弃；后者诗人为罢官之臣，虽政治节操不佳，但依然在生活中坚守安贫乐道，甚至连古人颇为重视的"身后之事""埋骨之地"都交代要从简。《左传》曾载："俭，德之共也。"这不仅是一种对己的生活态度，还是一种对环境的发展包容，更是一种对家国的操持情怀。

2. 集体环境

宋代家训诗一直倡导和谐相处。宇宙生命统一论认为，人作为灵长代表，其实与牛羊牲畜无异，都是拥有"血气"的生命。因此，生态是一个广义的系统性的概念，它不仅应包括狭义的人与自然之间的关系，还应包括人与人之间的关系。生态文明视阈下的环境教育理应考虑人文环境，特别是群居状态下的集体环境——国与家。如"国有贤臣安社稷，家无逆子恼爹娘"[3]和"慎勿窥窗户，慎勿辄笑毁"[4]，前者从宏观角度，向弟弟概述了儒家传统"五伦十教"的总体要求。后者则从微观角度，向出嫁女儿叮咛身为人妇的具体行为。二者所表达的，无非就是管子的经典观点——"和调乃能处安"。只有尊重生命、人际和谐，才能经国家、定社稷、序民人、立后嗣。而和谐的基础在于仁爱，只有兼爱宇宙万物、世间万人，才能真正做到民胞物与、生生不息。

此外，治家生业呈现出井喷式发展。家训诗的存在不仅是为了勉励、鞭策

---

[1] 徐志福. 古今名人教子诗赏析 [M]. 长春：北方妇女儿童出版社，1990：36.
[2] 方回. 桐江续集 第五卷 [M]. 北京：商务印书馆，1935：278.
[3] 北京大学古文献研究所编. 全宋诗 [M]. 北京：北京大学出版社，1993：367.
[4] 梅尧臣；梅尧臣集年校注 [M]. 上海：上海古籍出版社，1980：888.

后辈自身的发展，更是希望个人能够在家风的传承和发展中保持门楣。这要求人们要在处理好人际关系的基础上，不断完善安身立命之本，加强"职商（CQ）教育"，即培养在立业过程中的胜任素质，营造出一个更能为家族兴盛护航的有利环境。如"估人耕货不耕田，也合供输饷万屯"[①]和"累叶为儒业不镇，定知贤杰有生时"[②]，前者颠覆了"士农工商"的"四民有序"思想桎梏，把商人经商和农民耕田相提并论，打破了择业等级制的职业价值观，让家庭经济来源更为广阔，子孙的就业环境更为人性，后者劝诫子孙要保持读书起家的素养、保持勤奋学习的职业态度，形成诗礼传家的生力军，让家庭发展动力更为强劲。正是由于重点推广"实学"的职业理念，众多人才在创业、就业、从业等职业活动中各种胜任素质得到提升，进而优化了整个宋代的职业环境。特别是以往社会地位不高、不受待见的制瓷、矿冶、造船、印刷造纸、丝织等手工业大力发展，技术水平领跑全球，"工匠"职业声望显著提高。这一切也改变了宋代的世界格局，中国因此被著名经济史学家贡德弗兰克等后世学者们一致认为是当时世界上最先进的国家。

（二）"万物与我为一"的内在环境

外在环境指生命有机个体生存空间以内各种条件的总和，包括血肉、筋骨等生理角度的肉体环境和三观信仰等文化角度的精神环境。

1. 肉体环境

正如前文所言，中国先哲认为人是万物之一。所以处理好自身的肉体环境，也是遵循自然规律，与万物和谐共生的表现。自身肉体只有"阴阳平衡"健康律动，才能够达到"天人合一"的境界，感应命相气质的智慧。因此，他们十分注重养生之道。如"山蔬杂百种，此物含妙理"（周紫芝《撷野蔬示小儿》）

[①] 杨万里. 诚斋诗集笺证 [M]. 西安：三秦出版社，2011：27-21.
[②] 钱忠联，马亚中. 陆游全集校注 [M]. 杭州：浙江教育出版社，2011：462.

和"投床判宿醒，美睡到日旰"（陆游《甲寅元日予七十矣酒间作短歌示子侄辈》），前者讲述了饮食要清淡，用餐时需注意"鸡豚"和"山蔬"的荤素搭配，建议少吃味重肥浓肉食，而提倡多吃淡雅和胃素食。后者讲述了科学和充足的睡眠对于常人，特别是对于老年人身体健康的重要性。人体的生命与自然相互滋养，天时四季、地理环境、日常用取等都会对人的脏象、经络、气血等产生影响。因此，养生就是健康存活，让自身时刻与自然协调统一。通过调节人体内分泌、优化系统功能，生命本源的精气神得以增加，进而实现天清、地宁、谷盈、人生的终极目标。这不仅仅是重命保生的灵魂天性，更是顺天道、应人道的生态思想。

2. 精神环境

"德合天地，智周万物"是天道和人道统一的表现，重视人伦道德精神的打磨培养，不仅利于自身的发展，更利于和谐环境的建构。如"汝幸题舆接贤守，益修廉节报吾君"（曹勋《送四子耜悴四明二首》其一）和"豁然忽大笑，愁若春冰泮"（陆游《甲寅元日予七十矣酒间作短歌示子侄辈》），前者着重于寡欲，于送子赴任之时，告诫其面对功名利禄要清正廉洁；后者着重于清心，于协子对饮之时，告诫其面对荣辱得失要自然乐观。清心寡欲均为养德，克己内省、修身德成才能感受到天地境界。不扰乱德行的和谐不仅仅可以人心无恶，更是可以不妨碍，甚至促进自己和他人的生存利益。和外国人追崇的马斯洛五层次需求理论顶端的"自我实现"不同，中国人奉行的是孟子三层次需求理论顶端的"道德"。知之所及，德之所就。这道德如同一把尺子，可以测量出人与环境相融的准确尺度，这促使我们从生态可持续发展的高度来审视教育教学的目的。

四、生态化教学过程实施

为达到最终目标，在教学中要采用教学策略。迪克与凯里系统化教学模型的教学设计者在进行设计时，就得考虑设计好每一步都应该怎样引导学生。例如，在利用网络来学习时，网上信息纷繁复杂、鱼目混珠的众多。语文教师如果不事先设计好教学前的活动、信息呈现方式，不引导学生正确选择和辨别网络信息，反而会阻碍教学。因此，这里提出两个策略：全媒体教学和交互式学习。

（一）全媒体教学策略

1. 采用多媒体技术辅助语文教学

互联网时代已经到来，多媒体技术有利于现代化教学，这点已经得到了教育界的普遍认同和重视。不管是在基础教育领域还是高等教育中，多媒体融合多种形式和技术，实现更为优良的表现力、交互性和共享性，在教学中已经占有一席之地。在语文教学中，多媒体技术使教学内容相互贯通，激发了学生强烈的参与意识，对其发展有积极的促进作用。

但我们要警惕的是喧宾夺主式的多媒体教学，形式大过内容。如有的教师在课堂上以整部热门电影作为教学内容，然后匆匆讨论一下电影主题就结束，并不着重挖掘电影中的语文要素。看似学生很欢迎，但教学效果非常有限。在多媒体技术的运用上，关键是要摆正其作为辅助教学手段的位置。任何教学手段必须是围绕教学目标因时因地有计划进行的，不能单纯为了迎合学生兴趣而失去了初衷。值得强调的是，互联网多媒体技术涵盖面是非常广泛且发展迅速的，绝不仅仅等同于制作和播放 PPT 代替板书，这是目前我们能看到的谈多媒体教学的论文中最明显的误区。

2. 开发各类媒体中的语文教学资源

目前，微信、微博等自媒体盛行，各种新闻客户端、网络文学网站、直播平台也受到青年大学生的欢迎。网络生活已经成为大学生日常生活的重要组成部分，且有越演越烈的趋势。这决定了作为生活语文的语文教学不可避免要接触到这些新鲜的网络元素。存在即合理，语文作为母语教育是必然要跟时代息息相关的，回避并不能阻挡媒体的发展，反而会失去对大学生进行有效引导和规范的机会。同时事实也证明，在这些鲜活的媒体资源中，必然有一些值得挖掘的精品，符合主流价值观，语言优美表达流畅，且具有审美价值和人文精神的精品。这需要更多的教师和教材编写者摒弃偏见，深入生活，对媒体信息给予足够的关注。

3. 高度重视师生的媒介素养提升

面对媒介各种信息时的选择能力、理解能力、质疑能力、评估能力、创造和生产能力以及思辨的反应能力，就是媒介素养。媒介素养分两个层次：一个是公众对于媒介的认识和关于媒介的知识，另一个是传媒工作者对自己职业的认识和一种职业精神。现代社会的每个成员都既是受众，也可能是传播者。跟媒介发展日新月异不匹配的是，目前我国的媒介素养教育意识和水平都还不高。在大学生日趋成为网民中坚力量的时候，媒介素养成为教育中缺失最多，需求也最急迫的环节。作为媒介的主要语言，语文与媒介天生就紧密相连，因此语文教育必须重视与媒介素养教育的融合，互相促进，共同发展。在此需要强调的是，语文教师必须首先提高自身的媒介素养，才可能带动学生在面对纷繁复杂的各类信息中寻找、选择、理解有益的部分，并有意识带领学生一起创造和生产高质量的媒介信息。目前我国的媒介素养教育不成系统，师生能接受媒介素养教育的机会和平台并不多，这需要国家和教育部门、高校都加强这方面的意识,开设相关课程,对教师做一定的系统培训。

(二)"体验—提炼—实践"交互式学习策略

教育生态理念认为教学是一个动态的过程,这个过程中有许多环节、各种方式,因为教学资源的不同、教学目标的不同和教学主体的特点而呈现出千差万别的状态。但总体来说,语文的学习过程可以总结为"体验—提炼—实践"这个动态的体系。

1. 生态学习过程的体验

体验是指各种教学资源的开发利用环节以师生的体验为主要方式。打破"教师向学生讲授真理"的传统教学观点,倡导学生直接去接触和认识教学资源,获取第一手的感性信息。传统教学法中先讲知识点然后举例说明的方式,影响和干扰了学生的自我感性认知,使学习成了一种证明过程,而非发现和创造。建构主义教学理论认为只有当学习者与外界环境主动地进行交流和联系时,才会出现真正意义上的学习,强调学生的主动学习意向。

而目前看来,各种形式的阅读仍然是教学过程中师生体验最方便也最有益的途径。从具有社会审美意识的、凝聚着作家生活体验的、蕴涵丰富情感交流的文本中去学习,去体会语文在思想启迪、道德渗透、文学修养、审美熏陶、写作表达等多方面的综合效应。

体验的过程使学生的学习不再是静态被动地接受各种孤立事实的过程。这要求教师在教学资源的选择方面注意丰富性、真实性和经典性,通过丰富多元的、与学生有共鸣的、具有一定代表性的优秀文本让学生从中体验,主动学习。

2. 生态学习过程的提炼

学生在介入文本形成附有自身独特印记的作品后,需要评价和总结,提炼出相应的语文知识、情感或技能。提炼的基础是评价，学生对教学资源自发自觉并不受他人影响的分析和判断。评价并不一定是完全正确的，因此还需要互相交流和比较，在讨论和探究中去检视。在学生交流评价过程中，教师应该引导学生持有敢于怀疑的态度，不人云亦云，更不能带有强烈倾向性和暗示性。只有敢于怀疑，才能催生出创新思维，因此教师必须把握度，不能参与过多，扼杀学生的创造力。

在对彼此的评价经过充分讨论，学生已经能够比较清晰明确地理解语文信息之后，教师还需要带领学生一起总结归纳，找出规律，融会贯通，使资源中的语文元素知识化、系统化、理论化，使学生领悟到语文学习的特点和规律，为今后的终身自主学习奠定基础。

3. 生态学习过程的实践

任何教育都是需要实践的。语文也是如此，生活语文来自生活，也必须在生活中加以应用和检验，并创造出更多的语文资源以供体验。语文作为一种母语学习，将理论用于实践其实是每时每刻都在进行的。但这里强调的是，在实践过程中需要有明确的倾向性和超越性。语文课程中的语言规律、文学常识、审美方式等，教师都应该引导和要求学生有意识在日常阅读写作、交往表达中去应用，并不断尝试和训练自己的模仿、加工和创新能力。

目前，最直接的实践是课程考核，也就是考试。传统意义上考试的虽然能有针对性地检验学生对语文知识的学习效果，但对于学生的综合语文能力、语感、创作能力的评估还是比较有限的。因此，考核方式的多样化和科学化值得去深入研究。

语文对个体的学习过程来说，理论上就应该是一个"体验—提炼—实践"的单向流程，但同时整个学生群体的学习过程，又是一个无限循环的闭合过程，实践为教学提供了源源不断的资源，才能有文本可以让其体验。把握了这个动态的过程，有利于语文课堂的生态化，从而促进语文教育的生态平衡。

五、寻求"见物见人"的生态化课程设计

生态文明视阈下的语文课程，就是以"整体、立体、动态"的角度，看待教学过程中的自然、社会和人，在课程设计中强调三者同一体系下的有机统一，借此形成"见物见人"的环境教育。

（一）"父母人心物岂无"的课程定位

教学设计大师加涅认为"教学设计是一个系统规划教学系统的过程"，所以不能将"语文"微观局限为听说读写的人文知识普及的公共基础母语课，而是将其宏观看作是一种生态系统。在内容层面，包括文字、文学和文化，让技能与素养相统一；在角度层面，包括自然、社会和人，让见物和见人相统一。如"父母人心物岂无，静观禽鸟见中孚"（周紫芝《观禽鸟哺雏有感赋诗三首示诸子侄》）和"汝果欲学诗，工夫在诗外"（陆游《示子遹》），前者以林中鸟哺雏为例，借雏鸟不顾父母舐犊之情、难见反哺，警示子侄莫行不孝之事；后者以谈论写作经验为例，教授儿子要在生活中寻找灵感。在诗人眼中，诗的实质乃为万物，万物皆可为师。因此，自然的景语即为课程，他人的情语即为课程，自我的心语即为课程，均可被赋予教育意义、渗透教育观念、提升教育品位。以上皆为课程开发者情感、态度和价值观的生态体现，而这种体现亦因课堂的教学形式被赋予了教育的多重功能与职责。

（二）"学以致用当济世"的课程形式

无论是荀子的"知行结合"，还是毛泽东的"实践是检验真理的唯一标准"，

都论证了语文第二课堂教学的重要性。立体化的课程形式将用知识指挥行动、用行动验证知识，形成内化与外化的结合统一。如"纸上得来终觉浅，绝知此事要躬行"（陆游《冬夜读书示子聿》），早于经年后的马克思，诗人用文学的形式指出了社会的本质性——实践。只有实践，才能不断开拓并且适应所在的资源生态位，才能究穷事理，扬仁德、才智、诚信、正直、勇敢和刚强之"六言"，除愚昧、放荡、伤害、急切、作乱和粗暴之"六弊"。这正是生态学中"拓适原理"的诗性体现。因此，在课程规范、大纲及具体实施计划的制定中，要注意语文与第二课堂相结合，"学中做"和"做中学"相结合。在开展实践的过程中，要全面制定注重创设情境、提出任务、学习实践、解决问题的序列性，注重实践对象和活动内容的"点""线""面"结合。

（三）"父子更兼师友分"的师生关系

鲁迅一直认为"教育植根于爱"。因此语文课堂上，要摒弃教师高高在上、学生各自为战的情况，加强教师与学生、学生与学生之间的沟通交流、互动开放，建立平等尊重、寓教于乐、"亲子师友"的生态式关系。如"围坐团栾且勿哗，饭余共举此瓯茶"（陆游《啜茶示儿辈》）和"昨夕汝读书，历响惊四邻"（彭龟年《读书吟世铉》），前者描绘诗人与子孙共同品茶、评点人生，其乐融融的天伦情境让僵化说教的传统教学具有了开放性。后者诗人听儿子读书发音不会控制音调音高，就以诗告之如何运气发音，用体贴入微的关心让高谈阔论的威严长辈具有了亲和力。所以在实际教学过程中，教师一是要注重情感沟通，主动和学生靠近，让爱渗透于空间、融化于时间，学生在富有人情味的生态空间中学习，则更富有受关注感和满足感；二是要注重教学沟通，建立开放式的学习任务，学生按需自选，教师在作业验收时不强调唯一答案，在遵循基本标准的同时结合学生不同任务进行评价和指导，增加学生主动学习的参与性，更能引起知识和情感上的共鸣，提升学习实效。

总而言之，正如施良方先生曾多次在他的著作中提到的克里巴特"加工、生长、旅游"三个比喻所说，生态文明视阈下语文的环境教育正是依照这种课程运行生态轨迹不断前行。随着人类迈入与自然共生的生态文明时期，我们要充分发挥语文这个对"工具理性"危害的克服作用。在实施教学的过程中，从宋代家训诗中汲取灵感，让人文教育的光辉照耀心灵，让环境教育成为语文教学的目的之一，让语文教学成为环境教育的重要工具。当如是，方可充分继承和应用其独特的教育传播渠道价值，进一步丰富语文的教育理论体系，推动人与自然和谐发展的生态化、现代化建设。

六、生态化教学评价体系

（一）把握生态化教育评价的特点

作为教育效果的评估和展现，发挥以评促学的重要作用，语文生态课程的评价方式应该更注重以人为本。具体来说，就是评价标准由单一固定变为多元灵动，评价主体从教师为主变成多元主体，评价标准由客观转向主客观兼顾。

1. 评价标准的多样

语文教育评价的目的不应该再是等级性、竞争性的区分式评价导向，而是要促进每个学生的全面发展。在这个前提下，评价标准就不再是单一的、固定的，评价的等级也不再是少数优秀的精英文化导向。而是针对每个学生的不同特点，通过不同方式、不同标准的评价来帮助学生认识到自己的长处和短处，因势利导。通过有针对性的评价，体现对学生生命价值、个体特点的积极关注，以此促进学生的身心健康和谐发展。

2. 评价主体的多元

教育主体的多元，决定了语文教育生态系统中评价的主体也应该多元。不仅仅有语文教师，还有家长、同学和其他学科的教师等。特别是应该把学生作为评价主体的重要组成部分，通过引导学生积极主动又客观自觉地进行自我认知和评价，让他们参与更多的教育过程，关注自身发展。

3. 评价方法的丰富

语文教育的评价模式基本上可以划分为两类：科学主义评价模式和人文主义评价模式。前者以语文试卷为代表，注重"标准""程序""客观"；后者以课程论文、文学写作为代表，注重个案研究和评价方法的定性化。两类评价方法各有利弊，只有相互补充、取长补短，并辅以口试、多媒体创作等多种评价方式，才能在语文教育评价中发挥良好的作用。师生对于评价方式也有明显的多元化需求。

（二）构建生态化教育评价体系

生态课程的评价对象不应仅仅是学生的学习效果，还应有教师的教学效果。一般来说，教学评价包括对教学过程中教师、学生、教学内容、教学方法手段、教学环境、教学管理诸因素的评价，但主要是对学生学习效果的评价和教师教学工作过程的评价。评价的方法主要有量化评价和质性评价。在教育生态理念的指导下，语文需要构建起一种开放、多元和重过程的教育评价体系。

1. 教育评价内容开放性

不论是对教师还是对学生的评价都应该考虑多种因素，在内容上体现开放性。例如，对教师教学的评估应该从教学理念、教学资源、教学过程、教学方法和教学效果等多种角度去评估，同时要考虑教学环境、教学管理、学生互动等多方面的因素。简单以学生网上评教为主的现行语文教师教学评价，远远不能满足评估的要求，更无法全面反映教师的真实教学状态和趋势。因此，要求我们在教学评价中用生态系统观和普遍联系的观点去综合考量各个生态因子的作用和关系，以及生态因子与环境之间的关系，而不仅仅从师生关系出发。

同样的，学生的学习效果评价，目前语文多数采用平时成绩加期末成绩的方式，有的是"四六分"，有的是三七开。期末成绩又有两种方式：考试，考查。考试多为闭卷，考查多为开卷，以写作为主。这种现行的评价方式也忽视了学生学习有关的其他因素，孤立静态地去看待学生的学习效果。因此饱受诟病，无法达到以考核促进学习的目的。这就要求我们在考核方式上更加丰富，从学生参与学习的主动性、创造性、全面性等方面设置考核方式和指标。

2. 教育评价主体多元化

语文教育的主体不仅仅是学生，还包括语文教师、父母亲人、朋友同学、其他学科的教师等。因此，教育评价结果也不能由学生或者教师任何一个主体说了就算。在对教师的教学评价和学生的学习评价中，应该根据实际情况，适当加入其他学科教师、教学管理者、学生家人等多个主体，通过不同主体的权重分布吸收和接纳他们对教学效果的评价。

3. 教育评价方式注重过程

教育评价的方式多种多样。而对于语文课程来说，将课程看作是一个动态的过程，因此，对语文的评价也应该是以过程作为主要指标范畴的。这点在目前的现状里体现得非常有限。

语文课堂评价的作用在于指导语文教学更有效，而不是区分教师学生的优劣和简单地判断答案的对错。因此，现在普遍运用的以考试成绩或者论文等级来评定学生学习效果，以学生评教分数作为教师教学效果评定，很明显不能发挥评价的指导性作用。要促进教师和学生的发展，就不能只对学生的学习情况和教师的教学情况做简单的好坏之分，而在于强调其形成性作用，注重其发展功能。课堂观察是行之有效的过程评价方式，需要定量与定性相结合，设计出科学有效的量表。

一次评价不仅是对一段教学活动的总结，更是下一段教学活动的起点、方向和动力。语文的教育评价更需要在过程中去关注问题，加大对课程观察的比重，将评价和指导相结合。同时，要注意把评价的结果加以分类分析，反过来放在教学过程中去思考，对今后的教学提出有针对性和实操性的改进意见。当然，对过程的关注就必然要求评价注意师生的个体差异性，因人而异、因时而异、因课而异。

第六章 语文和谐课堂教学方法实践

第一节 和谐课堂中的人际关系

家长和监护人是学生生活中最重要和最具有影响力的成年人。家长对学校的态度极大地影响学生的情感和行为。除了极个别人以外，绝大多数的家长都想知道孩子在学校取得的进步以及帮助他们在学校获得成功。当听到孩子表现不错时，他们会十分高兴；而当孩子出现问题时，他们希望得到学校的及时通知。教育有方的教师能认识到家长在学生生活中所起到的重要作用并采用一些方法来和家长进行很好的沟通。

尽管教师的主要任务是和孩子打交道，但是他们发现和家长合作也是非常重要和有益的。其原因如下：第一，孩子对学校的态度通常受到家长的影响。当家长对学校和学校的教师感到满意时，他们的孩子就很有可能遵守学校的规则，在学校有良好的表现，并对学校的鼓励和支持有积极的反应。第二，从法律意义上来讲，家长应对学生负责，因此教师应把学生在校的表现和学习情况随时随地通知给他们。第三，家长对教师来说是宝贵的可用资源，他们会主动花时间辅导自己的孩子，帮助教师打印材料，并就某一个主题和孩子分享他们的经历。第四，在某些情况下，当学校的奖励和惩罚措施的力度不足以鼓励学生有令人满意的表现时，学校就需要让家长配合，来为孩子制订一个行为改变计划。

尽管教师能够从和家长的交流中获益，但是他们中的许多人认为和家长接触是一件困难且效果不太理想的事情。教师和家长难以合作基于下面三个因素：首先，和家长接触是一件耗时间、耗精力的事情。每天当教师已经工作了7个小时，在和学生讲了大约1000句话后，可以理解，他们很难再有精力去和家长交流有关孩子的情况。一天下来他们往往筋疲力尽，还得花几个小时改作业和备课。如果再去和家长进行接触，那意味着许多类似的工作就不得不晚上加班了。其次，使得教师难以和家长合作的原因是，教育经费来自地方这一事实本身让家长知道自己已为孩子的教育支付了费用，所以家长认为自己应该有权监督教师的工作。最后，因为人们从来没有把教师视为和医生或律师的职业一样崇高，有同样的一种敬畏之情。要知道所有的家长都曾经当过学生，所以他们认为自己有能力去教孩子所需的知识并使他们在学校里能取得好的成绩，这样一来就使得教师更加难以和家长进行沟通。所有这些因素使得教师在家长面前不免总是有些畏手畏脚，因此减少了教师和家长的沟通。

上述的种种因素使教师和家长的沟通被看作是必须做的一种苦差。然而，教师能够培养一种态度和技能使得和家长的沟通成为一种快乐的且富有成效的工作。

如同其他的课堂管理方法一样，每个教师都必须决定准备花多少时间、多少精力来和家长沟通。小学教师应该不断地和家长联系，因为这一年龄段的孩子对家长的鼓励会有很好的反应。在中学的早期阶段，大多数老师教 80～150 个学生，因此他们可以选择以下介绍的七个方法。

然而，有过多年教学经验的教师发现，采用一些有趣的且省时的方法就能在和家长交流较少的情况下获得较好的效果。随着学生进入中学的高年级，他们会更加有自制力并逐渐能对自己的行为负责。教师和家长的沟通基本是互通信息的性质,大多数的学生都愿意让家长了解到他们在学校的活动和所取得的成绩,而且无论是哪个年级的学生,当他们遇到较严重且长期困扰他们的问题时,教师应随时随地通知他们的家长。

一、和家长互通信息

(一)和家长尽早交流的重要性

要想获得家长的支持,就必须尽可能早地让家长知道教师的教学目标和课堂教学方法。家长也和孩子或教师一样,更愿意支持那些他们清楚理解或有机会讨论的问题。那些认为得到了教师热情相待和尊重的家长,以及那些熟悉我们教学目标和课堂管理程序的家长会更有可能鼓励孩子做出成绩,而且当有问题出现时,会支持我们。

教师应尽早地把课程计划和主要的课堂程序介绍给家长,这样家长才能够很好地和教师配合,也可省去他们为孩子的行为及学业不必要的担心,使得教师和家长的交流更加和谐。除了家长会以外,目前大多数教师和家长进行接触的主要目的是为了解决孩子的不良行为。如果我们和家长最初的交流是积极的,那么将来一旦我们必须和他们接触时,这种接触可能会更加顺利。不经常和家长联系就无法和家长建立良好的关系,只有经常和家长进行沟通才能够和家长之间建立一种十分融洽的关系。因此,如果我们想和家长很容易地进行沟通,那么就应时常和他们进行积极的交流。任何人都知道这么一个道理"治病不如防病",和家长进行及时的接触就是一个极好的例子。下面我们将介绍一些如何开始这些接触的方法。

（二）获得家长支持的方法

有许多方法可使家长去关心孩子在学校的品行和学业。下面所要介绍的是一些特别实用的方法，可以发挥你的创意对其中一些方法做出调整以便适应具体情况。

1. 自我介绍信

也许和家长初次接触的最容易的方法就是给每位学生的家长写一封信。因为这封信包含一些你想亲自告诉给学生的信息，因此最好让家长收到这封信的时间是在开学一两天之后。信中你可以介绍自己，说明你对和家长建立联系的兴趣，并邀请家长到学校来参加师生家长联欢晚会以及类似的活动，以便你和家长能当面讨论学校的情况。

2. 初次会面

教师有必要尽早地和家长会面。和 30～50 位家长会面最适宜的方法是邀请家长晚上来学校参观孩子的教室、讨论教师的授课方法以及课堂管理。如果学校能通过举办一个正式的师生家长联谊晚会来支持这样的观念，那么它将是十分有益的。但是如果没有可能举办联谊会，那么我们有必要举办一个类似的活动。有些家长没时间或不愿意参加晚上的活动可安排另一个时间，至于哪个时间举办活动对家长来说最合适，可在第一封给家长的信中询问。小学教师初次和家长会面之前，有必要先给家长打一个电话谈谈孩子的某些优点并动员家长来校参加家长会。首次的电话接触打通了联系渠道，为将来进一步的对话铺平了道路。

第一印象是极其重要的——当这种交往具备某种角色任务的性质时尤其如此——因此有必要做好一切准备，让初次的会面成为一个良好的开端。教师除了应表现出个人的最好状态以外，还应布置好教室，让教室显得更加生动有趣并能体现一些个人风格。有能力的教师会给家长留下深刻印象。开家长会之前，把这次会议大纲写在黑板上。除了会议大纲外，还可给每位家长发一个小册子，上面的内容包括：

（1）介绍班级的课程。

（2）一封自我介绍信，信中内容包括介绍你的职业背景和受教育程度。

（3）上课时间表。

（4）介绍小学生的情感特点和社会特点。

（5）需要家长支持的计划一览表。

（6）课堂管理步骤。

（7）写读书报告的参考书资料。

（8）家长资源表（家长能为班级提供什么信息）。

通过给家长文字材料，可以表达出你所告诉他们的内容很重要。小册子上提供了现成的信息，那么家长就有可能去了解和记住上面所提供的信息。

另一个流行的做法是向家长展示学生在本学年里要用的课本。你可以在每一本书旁放一张卡片，卡片上介绍书的主题、书的内容梗概以及这本书被采用的原因。

给家长会赋予一些个人的特色能使会议的气氛更加和谐。有许多方法可做到这一点，其中一个有趣的方法是让孩子画一个自己的头像或者按照自己的尺寸做一个和真人一样大小的身体轮廓。头像可以放在课桌上，身体轮廓就让它坐在椅子上，然后让家长去找自己孩子的位置。孩子也可写一张便条向家长提示他们在班里应看些什么东西。

在家长见面会上，可以和他们一起讨论你的课堂管理方法。给每位家长发一份班级的规章制度，大家一起来探讨怎样解决班里出现的大大小小的各种问题。例如，怎样发挥班会的作用，采用什么方式来解决问题，如何制定行为规范。你还需清楚地告诉家长在什么时间将对孩子的行为问题进行交谈。

同样，你应该向家长阐明你将用什么教育方法来帮助学生，采取什么教学手段来讲授每一门课以及班级的教学进度如何。你可以告诉家长在上阅读课时可能会按照学生的水平分组教学；你可以通知家长，学生将会有许多的家庭作业、家庭作业的类型，以及家长应该怎样对家庭作业做出最好的反应；你还可以告诉家长当学生对某一门家庭作业感到有困难或担心时，欢迎学生及其家长给你打电话，你随时都乐意帮助他们。经验显示，尽管家长对你提供的这种帮助十分欣赏或深表感谢，但老师收到的此类电话甚少。

当讨论到有关学生学业的情况时，你可以谈及你所能提供的各种特别的辅导，诸如阅读或针对资优学生等辅导，这种类型的辅导通常是在课外单独进行的。你将和家长讨论在班级里如何照顾到个人差异。同时你还有必要向家长概述一下你将采用什么样的评分体系，而且这种评分是否能反映学生的学习情况和他们的进步。还可以向家长描述任何特别的学习方法，如同学互教、个人自学、集体学习等。最后你可以通知家长，如果班里有什么特别的计划或任务需要他们合作或给孩子提供帮助时，老师会给他们去信联系的。通过向家长解释学习计划并告诉他们什么时间并如何来帮助他们的孩子，家长会做出相应的反应，并开始接受和支持教师的工作。

你还应该通知家长，当他们的孩子某一天表现特别突出，或者做了一件新鲜事，或做了一件特别有趣的事，教师会给他们打电话；同样，当有什么问题发生，家长们也会接到教师的电话，这样他们可以知道所发生的事情。教师应该了解和每一位家长联系的最方便的时间，这样双方联系起来会更加容易且更加轻松。你还需向家长们表明，尽管教师有责任提供教育经验来帮助学生学习社交技能和提高责任感,但是要想增强学生的学习动机以及处理问题的能力,最有效的方式还是家长和学校共同努力。

3. 后续活动

家长见面会上所提出的想法和措施不能只是一纸空文,需要及时得以实施,因此可以安排一些后续的活动。例如,在家长会召开后的一两周之内,你可以安排家长参加一个教学活动。在这个活动中,家长的任务是帮助他们的孩子获得信息。你可以要求学生制作一个家系图,或者让他们去采访自己的家长,了解父母一天的工作内容。另一个后续活动是老师给家长寄一封便笺,告诉家长他的孩子在上次家长会上所提到的某一方面已取得了很好的成绩或有了很大的改进。

另一个后续活动是和没有参加第一次家长会的家长取得联系。联系方法之一是给这些家长寄一封信并附上家长会所发的那个小册子,信中告诉他们虽然错过了上次的家长会,但是邀请他们重新约一个时间来班级参观并一起讨论小册子上的内容。给那些没有对信做出答复的家长打电话,询问他们是否对所收到的材料有任何疑问。尽管和这些家长接触要花一些额外的时间,但花这样的时间值得,因为它为将来使你得到家长更多的支持奠定了基础。

由于很多的家庭都有录像机,所以要让所有的家长都能了解到首次家长会的信息,方法之一是把家长会摄录下来。如果你们班有一些家庭对此很感兴趣但他们的英语能力又很有限,那么你可以考虑将录像带的文字材料进行翻译并用他们的母语配音。

4. 继续教师和家长的交流

所有的家长都关心自己的孩子,而且事实上所有的家长都想让他们的孩子在学校获得成功。因此有必要随时让家长了解到他们的孩子在班级里的进步。

当学生在班里表现异常，学习落在同学后面需要特别帮助，或是需要在家里完成某些任务时，教师也应该通知家长。就像处理任何其他关系一样，出现问题最好及时解决而不是等到形成危机了再来处理。当家长来参加家长会，发现他们的孩子落了好多节课，就会十分生气，这种现象是可以理解的。尽管有些家长不关心或者是不帮助自己的孩子，但我们还是不应放弃。如果和他们尽早接触并以诚相待，我们会惊奇地发现，那些被人们认为是对孩子缺乏关心或教子无方的家长往往也会做出积极的反应并取得好的效果。重要的是教师能否持之以恒地号召家长不断地给他们提供信息并给予他们支持。家长有权利指望教师处理一些小的问题，并在解决大的问题时能从教师那里得到一些专业方面的指导。当学生出现一些诸如经常不能完成学校布置的作业之类的小问题时，教师应该通知家长，同样当学生出现了大的行为或学习方面的问题时，也应该让家长知道。

（1）星期计划

特别是在小学阶段，家长愿意每星期就孩子的学习情况和学校进行交流。一份星期计划能帮助做到这一点。星期一给每个学生发一份星期家庭作业计划，教师和全班的学生讨论这份计划，并向学生解释本星期应该做些什么，每天学生都要特别留意还有哪些任务没有完成，要求学生每天晚上将笔记本和星期计划带回家。家长将通过家长会、班级的录像带或电话等形式得知这些情况。星期计划的内容还包括提醒家长有关学校和班级的即将发生的大事以及有关今后较长一段时间学生要完成的任务等信息。

（2）星期五信封

星期五给学生每人一个星期五信封，信封里装有老师已批改过的他们这一个星期里所完成的作业以及学校的通知。学生将这个信封带回家，跟家长一同分享他在这一星期里所做的一切,并由家长签字,家长可以在上面签自己的意见,还可以要求和老师打电话联系。下星期一学生将信封带回学校。

(3) 其他的方法

和家长联系的方法还可以是给家长寄概况信。信中内容包括:要开的新课、郊游、学生们将要完成的一些长期任务,以及班级的近况等。家长们喜欢定期收到这样的信息,因此教师最好一个月或两个月给家长发一次这样的信。

另一种方法是在开学的前几周让学生们制作一些个性化的信纸。他们可以设计自己的图案并可以用毛笔、木炭笔、颜料笔以及任何其他的艺术形式来装饰信纸,教师可用这些信纸写一些赞扬、鼓励学生的信给家长。小学教师一个学期最好给家长至少寄两封这样的信。教师应该记下寄信的时间以及信的内容。这样,教师可以给全班所有的学生家长都发到信,而且每次表扬信内容的侧重点都有所不同。

打电话也是和家长联系的一种方法。教师在安排首次家长会之前必须给每位家长打电话,而且每个学期应和家长至少通一次电话,这样你才会感到和家长的交流更加轻松愉快。教师通常不愿和那些难打交道的家长接触,但是往往就是这些家长是我们需要尽最大努力去了解的人。家长喜欢老师给他们打电话以示关心的这种做法,如果你常给他们打电话,即使是那些最挑剔的家长也会成为你的支持者。当给家长打电话时,不要忘了说上一两句赞扬孩子的话语。同时也需问一问家长,孩子对学校的反映如何以及家长是否有任何建议,还有助于你的教学经验对他的孩子产生更好的效果。像孩子一样,当别人承认家长的资格和能力时,家长往往也会做出积极的反应。

还可以通过参加孩子的课外活动和家长进行非正式的接触。这种策略用在那些学校表现较差的学生的家长身上特别奏效。笔者也曾有过参加那些调皮捣蛋的学生进行体育比赛的经历，并发现当家长看到老师关心他们孩子的具体事例时，他们会更多地投入精力，鼓励自己的孩子在学校好好表现。

最后一个和家长保持联系的方法是让他们成为班级的志愿者。当家长理解学校所发生的事情并感觉到自己就是其中的一分子时，他们会更有可能支持我们。许多有行为问题的学生家长本人过去读书时就有过痛苦的经历，因此他们往往惧怕老师并常常对老师做出一些消极的反应，以积极的方式让这样的家长参与到班集体中来可以大大减轻他们的消极感觉，受到教师尊重的家长志愿者往往会成为教师强有力的支持者。任何和家长志愿者合作过的人都知道，教师最初需要花一些时间讨论志愿者的作用，帮助志愿者理解并始终如一地支持我们的教学以及纪律模式。我们必须认识到有时家长志愿者和学生之间的交流方式会和教师的风格产生冲突。当这种情况发生时，志愿者的工作将转变成一种辅助性的工作，从而减少和学生的接触。

二、家长会

对大多数教师来说，家长会是和家长交流的一个必要形式。在赢得家长对我们的支持并帮助我们去和那些碰到困难的学生合作方面，家长会起到极其重要的作用。相反，一个组织很差的家长会能够引起或加深家长对我们的不满。这种不满通常会反映到学生行为中。此外，处理家长的批评往往会分散教师宝贵的精力和时间。因此，家长会确实对课堂纪律有很大的影响。

通过充分准备和精心组织会议，可以减少我们的焦虑，有助于我们和家长畅所欲言地进行商讨。同时这样的会议也会给家长留下好的印象并从此积极支持我们。下面将提供一些建议，这些建议将有助于提高和家长进行讨论的技巧。

（一）为家长会做准备

因为教师、家长和学生都关心家长会的结果，因此有必要考虑怎样让他们每个人都能为这次会议做最好的准备。如果每个与会议有关的人（学生虽不出席会议，但和会议紧密相关）都做好了准备，那么这个家长会将是一个成功的并富有成效的会议。

1. 学生做准备

让学生做准备的首先步骤是讨论会议的目标并让学生提问来表达他们对此会议的关注。学生需要知道为什么要给自己的家长一份对他们的评价报告，学生们还需要知道会议讨论的内容是什么。下一个步骤是给学生机会让他们进行自我评价，因为家长会的主要目的是了解和交流学生的情况，所以有理由让学生参与到这个活动中来。让学生进行自我评价还可以减少他们对家长可能会接收到对他们不利的信息的担心。自我评价给学生带来一种器重感、胜任感和能力感。

有几种方法可让学生参与到自我评价中来。最具体且最有价值的方法是让学生填一张自我评价报告表。制作一张自我评价报告表的最简单且最有效的方法是要求学生在一些项目上给自己评分，而这些项目和学校要求你给学生做出评价的项目完全相同。当学生们填完了这张表（低年级的阅读有困难的小学生可在教师的帮助下完成这张表），你可以安排时间和每个学生单独讨论这张表的结果。可以告诉学生，他们的自我评价和教师对他们的评价可能会有分歧，但是他们可以和老师一起对这些分歧进行讨论。这种讨论是完全有必要的，因为有些教师不和学生进行交换意见就在家长会上向家长传达对学生的一些负面评价，由此造成了学生对教师的不满和敌对情绪，这种结果显然不利于课堂管理。如果学生觉得教师对待他们很公平，他们对教师和同学也会以诚相待，并尊重他们。

另一个学生自我评价的方法是让学生对照他们的预定目标，检查自己的学习和行为。如果学生对自己的分数有一定的目标，那么他们还应写出是否达到了目标。这样学生不仅能对学习开始重视，而且也加强了学习的自我责任感。

2. 家长做准备

让家长为家长会做准备有两个基本的方法。正如前面所讨论过的，首先你应该和家长进行几次积极的接触，比较理想的是，这些接触应包括联谊晚会、打电话、给家长寄几封表扬孩子进步的信件。其次在开家长会的前一个星期，应给家长发一封信提醒他开会的事情，并在信里附上一份会议议程。

3. 教师做准备

为了双方能积极地进行交流，教师有责任给家长提供清楚的信息。为了使交流更加顺利，我们需采取三个基本的步骤：第一，正如前面的段落里所提到的那样，我们应该帮助学生和家长进行充分的准备。第二，我们应该清楚地组织或获得有关学生的重要信息。第三，我们应该为会议创造一个宽松的环境。

资料将给家长留下深刻的印象，资料表明我们已花了时间和精力来为家长会做准备，资料也直接证明了我们的职业能力。家长看到这些资料，马上会摒弃过去那种把我们看成是"职业保姆"的旧观念，而把我们归类为有技能的职业教育工作者。资料另一个明显的优点是它能使我们的讨论更加客观。有了资料，我们的会议就不会变成一个大家为某个学生的分数是否公平或为某个学生的行为是否值得我们关注这类问题而争执不休的辩论会。

资料不仅记载了学生的学习进步和道德行为的提高，也记载了教师为提高学生的学业、规范他们的行为做出的不懈努力。资料还能够使我们避免遭受不必要的指责，这些指责诸如：夸大问题的严重性、乱批评学生、没有尽力解决问题等。如果我们缺乏具体的资料，那么无论我们的工作能力有多强，在家长的眼里我们的地位都会大打折扣。因此精心整理资料是开好家长会的一个必不可少的环节，当家长会的焦点是解决学生的不良行为以及学习成绩差等问题时，整理好详细的资料就显得尤为重要了。对家长会极其有用的四种主要资料为：

（1）有关学生和家长对班级的感觉的资料。

（2）学生的行为表现以及努力改进行为后的结果的资料。

（3）学生的学习情况资料。

（4）寻求解决问题有效办法的专家会议的有关资料。

我们有必要去了解家长如何看待孩子在一学年中所取得的进步。通过获得这类信息，我们认识到家长对孩子关注的重要性。如果我们知道孩子对学校的反映以及家长的愿望，就能更好地为家长会做准备。

只有当我们和那些有极其严重行为问题的孩子家长谈话时，我们才有必要整理这个孩子行为方面的资料。在这种情况下，我们应该给孩子的家长一份具体的行为资料，并附有我们将如何帮助孩子改正这些不良行为的具体措施。

因为学校的主要作用是教孩子学习文化知识，所以家长会的重点应是告诉家长学生学习成绩的进步。你应该为每次的家长会准备一个活页夹，里面装有学生每一门主课的成绩以及学生作业的样例，以便帮助家长了解学生在哪些课程方面有困难。

如果学生的成绩资料显示出学习效果不理想，那么你应该给家长提供一些方式来改变学生的学习计划，以便满足学生特殊的学习需求。如果你已向专家咨询并制订了针对个人的学习计划，那么有必要提供和专家讨论的结果。讨论的结果可以记录在一份标准化的图表上。

把向专家咨询的资料提供给家长有不少好处。首先，向专家咨询足以说明教师对学生的关心。此外，这些资料能向家长表明孩子的问题不仅仅是他们和教师个性有冲突所引起的，也不仅仅是老师没能力教成绩稍差的学生所造成的。向专家咨询的另一个优点是它给家长提供了更为详尽、更为清晰的指导。特别是在对待学生学习困难方面，教师有时会显得束手无策，找不出问题的症结所在。通过向专家咨询，教师不仅能够给家长提供更为详细的信息，同时他们自己也能学习到好的方法来帮助他们制订出更适合学生的学习计划。

有必要为家长提供一份会议提要。这份提要不仅能强调会议的要点，而且对教师也能起到一个提示的作用，因为教师经常要开一些不同的会议。

一旦学生、家长都为家长会做好了准备，教师也为家长会收集好了重要的资料，最后的准备工作就是创建一个舒适的会议环境。如果有可能的话，会议桌最好是圆桌，这样教师和家长双方谁也不会处在一个居高临下的地位。还可以在桌上摆一些鲜花或点心、咖啡之类的东西，使会议气氛显得更加轻松。会议议程写在黑板或一张大纸上，以便提醒教师和家长双方。家长也希望知道这学期学生学了哪些技能，教师可以把这些技能列在一张表上，和会议议程附在一起，供会议期间大家参考。还需准备一些笔和纸以方便家长记笔记。

（二）开一个有实效的会议

如果你在开会前做了十分充分的准备，那么会议开起来就会非常轻松和顺利。在和家长们热情打过招呼并聊一会儿大家感兴趣的话题后，就可以正式开会了。会议开始时，教师可介绍孩子在学校里所表现出来的良好品质并鼓励家长谈谈孩子近来的一些特别令他们高兴的行为。然后让家长读孩子的自我评价报告以及任何介绍这个学期他们所取得进步的材料。孩子对自己的评价往往批评多于表扬，这就为教师对学生提出一些批评做了一个很好的铺垫。当家长读了孩子低调的自我评价后，他们就不会对老师提出的批评质疑了。

许多家长对教师给予孩子的评价非常重视，因此会议的下一个步骤就是讨论教师对学生的评价报告以及检查有代表性的学生作业。检查学生的学习时，首先把注意力放在他的长处上。对家长适宜采用一种所谓"三明治"的方法，即对孩子的批评穿插到表扬之间。当你谈到孩子有某些地方需要改进时，可以用这种方式说，"我愿意鼓励您的孩子……"通过强调孩子们的长处，可以消除家长的戒备心理和不满情绪。

讨论了学生的学习情况后，可开始讨论他们的行为表现以及和同学们的关系等问题。除了指出学生需要改进的方面之外，还应表扬那些好的行为。如果有的学生确实有严重的行为问题，向家长举出他这方面的具体例子并告诉家长教师在帮助学生改变行为方面所做的一些努力。在有必要的情况下，也可以邀请校长和有关专家来参加这方面的讨论。本章的最后部分将介绍如何同行为方面有严重问题孩子的家长谈话的一些具体策略。

当你和家长讨论了孩子的学习和行为表现等情况后，可以问问家长还有什么问题和建议。如果家长没有什么问题，你可以引导他们把注意力放在家长问卷调查上，让他们参考一下上面的有关问题。

会议结束前，对学生的学习和行为等方面的优缺点进行总结。可以写出改进计划，并和家长讨论他们在家里应采取哪些方式帮助学生，把这些方式写进家长会的会议提要里，和家长讨论下一步如何贯彻会议精神以及教师和家长如何进一步接触。最后对家长的支持和投入再一次表示衷心的感谢。

三、中学教师采用的方法

中学教师和家长的接触要少于小学教师。大多数中学不需要召开所有学生的家长会，它们也不需要教师和家长保持频繁的接触。但是，许多中学教师的经验告诉我们，中学教师常常低估了和家长保持联系的价值和可行性。一些重视和家长建立良好关系的教师，通过采用下面的有效方法和家长进行交流，往往赢得了家长的支持并改进了学生对学习的态度。

（一）概况信

教师可以通过寄送这样的信给家长传递大量的信息，信的内容包括学习目标、教学方法、课堂授课程序、课程大纲、课程内容，以及学生们要学的一些技能。教师可能还会对课堂中所采用的具体的教学方法进行评论。例如，如果你采用分组教学，可能会介绍学生们所参与的时间、通知家长孩子的退步以及采用何种方法来解决孩子的不良行为等问题。当然，在介绍这些方法之前，你可以告诉家长也许这样的行为不会发生，因为我们已采用了有趣和有效的教育手段，加上家长和教师共同担负起帮助孩子的责任，所以这些方法也许用不上。

（二）班级简报

班级简报是通知家长的一个非常方便的形式。由于大多数的中学教师都有三个班级，那么每三周给每个班发一份简报就意味着教师每周都得写一份简报。简报可以少于一页纸，其内容可以是目前学生所学的课程、交作业的期限、将要上演的电影等。你也可以利用这个机会在简报上写出个人的意见，告诉家长孩子们最近所取得的显著进步以及所出现的一些问题。

（三）学习成绩单

许多学校要求教师，如果他的学生成绩在 C 以下就应该在期中时通知他们的家长。你可以自己制作某种学习成绩单，以便当孩子出现学习或行为问题时及时通知家长。因为成绩单应该在学生刚出现问题的苗头时及时发出，所以你应总结出将采取什么方法来帮助学生。可以将你所使用的方法列在成绩单内。

四、有效地处理家长的批评和不满

任何一位教过几年书的教师都会碰到十分挑剔或爱发脾气的家长。许多教师认为，这种情况和课堂纪律的问题一样，是教师教学工作中最棘手的事情。虽然没有一个简单的、万无一失的方法来应付这样的家长，但还是有几种有效的专业策略来处理这样的问题。

（一）热情地和家长打招呼

当家长看到这么一位笑脸相迎的教师时，他们很难发火并具有进攻性。

（二）积极聆听家长的申诉来缓解家长的冲动情绪

如果你一开始就采取戒备的心理和家长争辩，那只会是火上浇油，使家长更加冲动。如果你对家长这么说"我感谢您的关心"或"我看到您对这事确实很关心"，家长会感到他们得到了教师的理解，于是会慢慢地冷静下来，气愤和恐惧的感觉会逐渐消失，开始变得心平气和。

（三）仔细聆听，显出一副十分感兴趣的样子

这样的态度会使家长感到他得到了别人的认可，于是家长的消极感和紧张感会逐渐减少。

（四）表现镇定自如，有专业人士的风范

腰板挺直，两眼直视家长，保持镇静。我们都有过这样的经历：在危急情况下，如果教师能保持镇定，有一个清醒的头脑，那么学生也会做出有效的反应，同样，家长也需要这样一个镇定自若的反应。

（五）询问家长的打算

打开僵局的一个方法是进行询问："我感谢您对此事的关心。通过我们今天的讨论您想达成的目标是什么？"这种方法能帮助家长集中注意力，使一个发牢骚的谈话变成一个富有成效的解决问题的会谈。

（六）如果有必要的话，可以定好时间

如果你的时间有限，应该告诉家长。你可以这样跟家长解释："我只有20分钟了，因为还得回班里去。您看看20分钟能不能把事情解决。如果不行的话，我们是否可以尽早再约一个时间。"

（七）询问家长学生是否知道这个问题

因为学生是最重要的有关人员，所以有必要弄清楚他对家长所提出的这个问题的看法。通过询问，家长会逐渐冷静下来，这样将使双方的会谈更有成效。此外，通过询问，也能使学生提高他们解决问题的责任感。

（八）如实地向家长反映问题

当面对家长时，教师很容易掩饰问题的严重性或者承担过多的本应该是学生所承担的责任。但是教师应该保持正直的职业态度，从一开始就应如实、清楚地向家长反映问题，为将来和家长的接触打下好的基础。

（九）重视具体的资料

资料是你最好的职业工具，同时也是你最好的防御武器。如果一个家长发脾气，说他的女儿去年数学成绩很好但今年却大大退步时，那么最理智且最有说服力的办法是查阅这个学生有关数学成绩的资料。

（十）告诉家长你要采取哪些具体措施来解决问题

家长有权利知道教师将做些什么来帮助学生克服困难。如果你耐心听家长的述说、给家长看资料，告诉他们你的计划，那么再挑剔的家长也会成为你强有力的支持者。如果家长的担忧仍不能消除，可以和家长进行下一步的接触来审视这项计划的结果；如果家长强调某一个方面需要引起教师的关注，教师可以为此制订一项计划。这样做既显示了教师尊重家长的观点，又体现了教师的能力。

五、正确看待学校和家庭的互动关系

如果教师采取积极的方式，及时和家长保持联系，不断地和家长互通信息，那么教师和家长的关系将会十分和谐，并令人愉悦。同样，如果教师能从一个专业者的角度对家长关注的问题做出冷静的反应，那么即使是那些本来可能会是负面的交流也会变得轻松，从而赢得家长的理解和支持。

不幸的是，高离婚率、药物滥用、家庭流动性大，以及双职工家庭等这一些因素使得我们这个社会面临这样一个严重问题：由于缺乏父母的教育以及家庭、社会的压力，现在出现了越来越多的问题儿童。许多家长感情因素不稳定，他们缺乏准备、缺乏时间，不能给孩子提供有效的家庭教育。这意味着许多孩子带着一种焦虑和沮丧的感觉来到学校，而这些不良的感觉都是由于家庭的因素所造成的。

作为教师，我们的职责是使用这本书里所介绍的那些方法来为学生创建一个互相关心、互相支持的良好环境。同时，教师有责任去寻求其他教师和学校管理人员的帮助，找到有效的方法来帮助那些碰到困难的学生。这就是我们教师的职责范围。当然，教师不是心理问题专家，因此不能指望教师给家长提供训练或者帮助家长解决家庭问题。

尽管教师的职责范围有限，但他们还是能够给家长提供各种帮助。学校是一个所有学生和家长都会和其产生接触的社会机构，因此学校通常第一个知道学生所出现的问题。当问题出现时，家长会更有可能寻求学校的帮助而不是求助于社会的某些服务机构。学校可以给家长或学生提供直接的帮助，也可以介绍家长求助于其他的社区资源，虽然学校的这些帮助很有限，但这种服务对于家长和学生来说是极其重要的。学校的学生顾问也可为家长和学生提供直接的服务。许多小学就有研究孩子心理问题的专家，他们的工作主要是针对那些问题学生和他们的家长。可惜的是，很多小学并没有配备这样的顾问。考虑到现在许多孩子经常面临严重的个人问题，所以每所学校应配有一些学生顾问，他们能帮助孩子克服情感矛盾问题，培养那些他们在家里学不到的个人技能和社交技能。如果孩子得不到这样的服务，那么最缺乏这些技能的学生会受到情感方面问题的困扰以至于严重地影响他们的学习。

另一种对家庭帮助的方式就是给家长们提供家长技能课程。有些学校定期给家长提供讲座和课程，给他们讲授如何当好家长的一些方法。因为所有的家长都和学校有些接触，而且对大多数家长而言，去学校听家长课程会比去诊所听心理健康课程要体面一些，所以学校成了一个提供家长技能课程的重要来源。我们给许多家长开讲座和授课，帮助他们提高家长技能，得到了家长的好评，他们一致肯定了新技能的实用性。

学校还可以为家长和家庭提供另一项重要的服务来解决问题。许多学校已经开始和社会工作者以及其他社会服务专业人士签约，让他们担当起家庭和社区之间联络的责任，来帮助那些正经历学校问题和家庭问题的学生。心理健康机构所采用的语言和体系不同于学校人士所采用的语言和体系，因此熟悉这一体系的人能更有效地利用这些资源。社区和学校的联络员能作为家长和教育人士的资源，他们能帮孩子获得他们十分需要的社区服务。尽管学校没有义务解决他们所负责的学生面临的所有问题，但是却有责任为他们的学生找到并提供有效的方法和途径，来帮助他们摆脱困扰和抚平心灵的创伤，否则将影响学生从教育环境中获益的能力。

对虐待孩子的报道是家庭与学校关系的一个重要话题。作为教育者，我们有责任对那些虐待孩子的行为进行报道，它体现了学校和社区通过合作来共同帮助孩子及其家庭。为了帮助受虐待的孩子，国家已立法要求教育工作者对虐待孩子的情况进行报道。在俄勒冈州，教育工作者有义务报道那些涉嫌对孩子进行体罚、心灵伤害、感情摧残、性侮辱、性利诱等行为。

所有的教师和教学管理人员都应该熟悉本州的儿童保护法、报道以及后续的一些程序。许多地方部门已和社区的儿童服务机构建立了合作关系，他们的责任就是处理那些已报道的虐待孩子的行为，保证进一步的报道不受干扰，同时协调一切力量来帮助孩子们摆脱由于这类报道所产生的感情方面的压力。

六、评估与家长的交流

了解情况几乎永远是改变我们行为的第一步。大多数人都要在审视他们现在的行为后才决定是否花时间去冒险尝试新的行为。

七、实施和评估新方法

对准备开家长会的方法进行检查之后，下一步就得选择一些具体的方法使将来的会议更令人感兴趣并更富有成效。如果你对新方法尚无把握，最好小范围地在你较熟悉的几位家长中间采用。

教师经常会低估家长对教师所产生的影响力。事实上像所有的家长一样，他们深深地关注自己的孩子在学业上和社交技能上点点滴滴的进步。教师常常会告诉家长他们的孩子有多么聪明，有多么能干，和同学相处有多么融洽。教师的这些评价对几乎所有的家长来说，都是极其重要的。的确那些较差学生的家长对教师存在一种戒备心理，这是很自然的，其主要原因为：首先他们看重教师给他们孩子的评价，其次他们难以接受有关孩子的负面信息。

既然家长如此重视孩子在学校的情况，那么教师就有必要定期给家长传递信息。作为教师，如果我们从一开始就向家长传达有关孩子们的课程、课堂管理等信息，那么家长就会更加支持我们的工作，并和我们建立起良好的关系。此外，我们还应定期地告诉他们班级所举行的活动以及孩子所取得的进步。当孩子产生了学业和行为方面的问题时，我们也应该尽早通知家长，否则就不能很快地顺利解决我们和学生之间的问题。

和家长交流是一件费时费力的事情，如同其他的教学工作一样，只有经过长期的实践，我们才可能做到游刃有余，和家长进行良好的沟通。这是一件十分有价值的事情，它对我们的教学工作将产生巨大的影响，也会带来丰厚的回报——我们会看到学生的学业和品行将会有实质的转变。

第二节　和谐课堂教学创设的理论基础

一、哲学基础

任何一门学科的建立都需要有哲学的指导，和谐课堂教学的构建也离不开哲学思想的指导。马克思主义哲学是科学的世界观与方法论，它要求我们要用辩证唯物主义和历史唯物主义观点去研究和谐课堂教学的构建。用普遍联系和永恒发展的观点，把和谐课堂教学的构建置于多种因素相互联系的动态过程中进行研究。用辩证唯物法的对立统一规律、否定之否定规律去探讨和谐课堂教学的构建，用量变质变规律去分析课堂教学过程的变化。用内因和外因的辩证关系来分析学生的主体性和创造和谐的课堂教学环境，用整体和部分的辩证关系来对和谐课堂教学进行整体构建。

课堂教学是一个系统，它是由若干教学要素构成的，如教师、学生、教学内容、教学方法、教学手段等，这些教学要素又是相互联系的，它们之间既存在着和谐的一面，又存在着不和谐的一面，和谐与不和谐这种对立统一的矛盾贯穿于整个课堂教学中，推动教学过程的不断发展。否定之否定规律告诉我们事物是肯定方面和否定方面的统一，否定是对旧事物的质的根本否定，但不是对旧事物的简单抛弃，而是变革和继承相统一的扬弃。因此，课堂教学中某些不和谐的音符（如教师与学生之间、学生与学生之间思维的不一致）是对学生有利的，它们是学生创造性思维发展的源泉，我们要充分利用这一部分"不和谐"，而有些不和谐是不利于课堂教学和学生发展的，我们要创设一定的条件使这部分不利的不和谐向和谐转化。和谐是有层次的，往往经历着从"不和谐"到"和谐"，到到"不和谐"再到"更高层次的和谐"这种周期性的螺旋式发展过程，体现了矛盾运动的规律。和谐课堂教学也同样经过"和谐"到"不和谐"再到"更高层次的和谐"的周期性的螺旋式发展过程，这一次次蜕变和发展使得师生关系更加融洽，课堂教学更具活力与创造力。和谐课堂教学强调内外部教学因素的统一发展，外因是事物发展的重要条件，内因是事物发展的根本原因，我们应创造和谐的课堂教学环境促进学生的和谐发展，但更应该注重学生的主体性、自主性和主动性，强调学生将教育影响不断内化为自己的思想、能力和素质。另外，课堂教学是由若干相互联系的教学要素所组成的有机整体，但整体不是部分的简单相加，整体是各个部分的有机结合，当各部分以有序、合理、优化的结构形成整体时，整体功能大于各部分功能之和。因此，我们要合理地协调各种教学要素，使其达到融合与统一，整个教学过程处于一种动态的多样化的平衡状态，课堂教学达到最优化，发挥其整体功能，产生最佳的教学效果。

二、心理学基础

和谐课堂教学的构建与心理科学（包括普通心理学、发展心理学、教育心理学、社会心理学等）有密切联系。只有以心理学为重要的理论基础，和谐课堂教学的构建才会有扎实的基础。在课堂教学中，教师和学生的心理研究是构建和谐课堂教学的重要基础。要研究教师"教"的和谐，教师的思维特点、个性倾向、能力品质等都离不开心理学。要研究学生"学"的和谐，学生的身心发展、认知结构、元认知水平、非智力因素等也离不开心理学。心理学知识告诉我们，动机是行为的内在动力，它决定行为的发生和方向。如果机体的行为没有动机的驱使，这种机体就是被动的，不会主动习得，外界的强化也就不会对机体产生良好的刺激效果。最好的学习动机是学生对所学知识本身的内部兴趣。因此，教师应注意教学内容、教学手段与学生的实际情况之间的和谐，根据教学内容以及学生的认知特点，选择多种多样适宜的教学手段，激发学生的学习兴趣，使学生保持良好的学习动机。另外，教师应针对每个人的不同情况来制定预期目标，遵循心理学中的"最近发展区"原理，要让学生跳一跳就能摘到桃子，从而激励其努力达到目标，并能够从成就感的满足中得到快乐，继续努力使这种快慰持续。此外，和谐课堂心理环境的构建更与心理学理论息息相关。课堂心理环境是指课堂教学中影响师生心理互动的环境，如班风学风、师生关系、同学关系、课堂气氛等。心理学研究表明，课堂心理环境不仅对课堂教学活动产生影响，也对学生认知、情感、行为产生影响，更对学生的身心健康发展有着明显的影响。课堂心理环境融洽还是冷漠，活跃还是沉闷，将对整个课堂教学产生积极或消极的影响。和谐、愉悦的课堂心理氛围有助于学生积极参与课堂活动，而紧张、冷漠的课堂心理气氛会大大抑制学生学习的热情。因此，我们要营造和谐的心理氛围，使学生与教师、学生与学生、师生与环境产生愉悦的"心理磁场"，从而达到课堂教学效果的优化。

三、多元智能理论

多元智能理论是美国哈佛大学教授、著名心理学家霍华德·加德纳（Howard Gardner）于 1983 年实施研究课题"零点项目"时，在其著作《智能的结构》[①]中系统提出，并不断地完善的理论。该理论引起全世界教育家的关注，成为 20 世纪 90 年代以来许多西方国家教育改革的指导思想之一。多元智能理论倡导学生主动参与、探究发现、交流合作地学习，引起教育教学观念的变革，为实施个性化教学创造了条件，对当前我国的素质教育和基础教育课程改革具有现实的指导意义，也为和谐课堂教学的构建提供了理论依据。

---

① 霍华德·加德纳，沈致隆，Howard，等 . 智能的结构［J］. 教师，2016（29）：1.

加德纳把智能定义为："一种处理信息的生理心理潜能，这种潜能会在某种文化情境下被激发，去解决问题或创造该文化所珍视的产品。"加德纳认为人的智能是多元的，大体可以分为九种：言语—语言智能、逻辑—数理智能、视觉—空间智能、音乐—节奏智能、身体—运动智能、人际交往智能自我反省智能、自然观察智能、存在智能。[①]多元智能理论强调智能的多元性、独特性与发展性，认为每个人都具备以上九种智能，只是某些智能的发达程度和组合的情况不同，使得每个人的智能各具特色，都有自己的智能强项和弱项。每个个体的这九种智能是可以培养和发展的，在适当的环境和教育的作用下，每个人都可以将其中几种智能发展到较高的水平。多元智能理论的实质就是培养学生的综合素质，与素质教育异曲同工。"德、智、体、美、劳"的全面发展是从教育目的和内容的角度向学生提出要求，而多元智能理论则展开了"智"的全面性，是属于个体素质的全面发展观。多元智能理论倡导的乐观的学生观（教师眼中没有差生）、对症下药（因材施教）的教学观、多元的评价观对和谐课堂教学的构建有很大的启示，为教师如何正确看待学生、引导学生及评价学生指明了方向。每个学生都有自己的智能强项，有自己的学习风格，学校不存在差生，人人都有成功的可能，教师应尊重学生的个性和差异，树立"教育的起点不在于学生有多么聪明，而在于在哪方面聪明，怎样使他变得聪明"的教学观念，使因材施教真正落实。课堂教学要倡导合作学习与独立思考和谐统一，不仅可以发展学生的人际交往智能和自我反省智能，还可以使学生之间的智能强项与智能弱项得到互补。教师应注意教学方法、教学手段、教学对象和教学内容之间的和谐，即根据教学内容以及学生智能结构、学习兴趣和学习方式的不同特点，选择和创设多种多样适宜的、能够促进每个学生全面发展的教学方法和手段。课堂教学要为学生的"多元智能而教"，发现其智能强项和发展其

[①] 霍华德·加德纳，沈致隆，Howard，等.智能的结构[J].教师，2016（29）：1.

智能弱项，即全面开发每个学生的各种智能。提倡"通过多元智能来教"，同一内容可通过"多元切入点学习"。学校应尝试建立多功能的"智能化教室"，优化教学的媒体环境，在全面开发每个学生的各种智能的基础上，为学生创造多种多样的展现智能的情景，激发每个人潜在的智能，充分发展每个人的个性，促进学生的全面发展和个性发展的和谐统一。

四、建构主义学习理论

建构主义学习理论是当代比较有影响力的一种认知主义学习理论，最早由瑞士心理学家皮亚杰（J.Piaget）提出，以后又经多位科学家、心理学家的深入研究而逐渐形成的理论。它在知识观、学生观、教学观等方面都有自己独到的见解，对我国实施基础教育课程改革、全面推进素质教育都具有积极意义，当然它也是和谐课堂教学构建的理论依据之一。

建构主义学习理论认为知识是学习者在一定的情境下，借助他人（包括教师和学习伙伴）的帮助，利用必要的学习资料，通过人与人之间的协作、交流等活动，依据已有的知识和经验主动地加以意义建构而获得，情境、协作、会话和意义建构是学习环境中的四大要素。学习不是由教师把知识简单地传递给学生，而是学生以自己原有的知识经验为基础，对外部信息进行主动地选择、加工和处理，建构自己的理解的过程。建构主义学习理论还强调学生不是被动的信息吸收者和被灌输对象，而是信息加工的主体和意义的主动建构者，教师是学生意义建构过程中的帮助者和促进者，而不是知识的传授者和灌输者。建构性学习是最符合学习本质的学习，是最能促进人的整体、可持续发展的学习观点，它不是一种具体的学习方法，而是人类认识和探索世界的方式，这一理论不仅符合新课程的理念，而且为和谐课堂教学的构建提供了理论依据。在课堂教学中，教师应该改变以往"一言堂"灌输的教学方式，依据建构主义学习理论，做学生意义建构过程中的帮助者和促进者，努力为学生营造良好的学习情境，尊重学生的选择及思维方式，为学生提供学习导向，让学生通过各种信息资源（如文字材料、书籍、音像资料、CAI与多媒体课件以及Internet上的信息等）进行有意义学习、探究学习，尽可能组织独立思考基础上的合作学习，并对合作学习过程进行引导，师生之间、生生之间展开双向交流与多向交流活动，推动和促进学生原有的知识和经验与新的认识对象相互作用、相互影响，从而促使学生有效地实现对当前所学知识的意义构建，将新知识纳入自己原有的知识体系。这样不仅可以锻炼和提高学生的分析问题和解决问题的能力，培养其创新能力，而且有利于课堂教学中人际关系（师生关系、生生关系）的和谐、学习资源的和谐、多种学习方式的和谐等，从而使整个课堂教学和谐化。

五、马斯洛的需要层次理论

需要层次理论是美国著名的人本主义心理学家马斯洛提出的，马斯洛将人的需要分为三大类别，即意动需要、认知需要和审美需要。又把意动需要分为五种不同层次，即生理需要、安全需要、爱与归属的需要、尊重的需要以及自我实现的需要，前四种需要被称作是基本需要。这五种需要的次序是由低到高逐级上升，处于一步一步地连续发展变化中，当低层次需要得到满足之后，就会上升到较高层次的需要。同一时期内往往存在几种需要，但每一个时期总有一种需要占主导地位，人们最迫切的需要是激励其行为的原因和动力。这五种需要不可能完全满足，越上层满足的百分比越小。低层次需要满足后，不再是一种激励力量，高层次需要满足，会增强激励的力量。

马斯洛的需要层次理论在教学上具有重要的意义，同时也为和谐课堂教学的构建提供了理论依据。人的需要是行为的根本动力，内部发展需求是和谐课堂教学构建的内在机制。首先就生理层次的需要而言，教师必须顾及学生的饮食和睡眠的需要。上课时间过久易导致疲劳、困累或饥饿等问题，以致影响课堂教学成效；就安全需要而言，教师应构建和谐的课堂教学物理环境，要注意安全，避免课堂处在噪声、空气等严重污染的包围之中，还要帮助学生克服学习中产生的恐惧、过度焦虑和急躁不安的心理；就归属与爱的需要而言，教师必须建立一个和谐、温暖、亲密的班集体，倡导合作学习，满足学生的交往需要；在自尊的需要方面，教师必须建立民主、平等、互尊的师生关系，尊重学生，体现学生的主体性。另外，教师要通过鼓励性评价，通过赏识、肯定学生来调动学生的内驱力，重塑学生的自信心，激励学生更加乐于学习；人的最高的需要是自我实现的需要，马斯洛认为在人自我实现的创造性过程中，产生出一种所谓的"高峰体验"的情感，这个时候人处于最激荡人心的时刻，是人的存在的最高、最完美、最和谐的状态。学习要有属于自我实现的需要层次，动机源于需要，需要的层次越高，个性活动的自觉性和积极性也就越高。教师在满足学生现有的合理需要的同时要培养学生更高层次的需要，追求动态平衡，帮助学生不断拥有较高的学习需要的自觉性，使学生的内在潜质能够得到最大限度的发挥，学生得到全面、和谐、充分的发展。此外，依据马斯洛的需要层次理论，审美需要是人生的高层要求。当前，在素质教育的大背景下，"五育并重"的观点已经在教育界达成了广泛的共识。和谐课堂教学的构建要求教师在教学过程中要渗透美育，要充分挖掘教学内容的美的因素，把知识理论用艺术性的手段呈现给学生，让学生受到美的熏陶、启迪和感染，在潜移默化中塑造学生的灵魂。

六、和谐教育理论

和谐教育思想在中西方都源远流长,在西方,和谐教育思想最早产生于古希腊。古希腊"三杰"即苏格拉底、柏拉图、亚里士多德,他们的教育思想中都提到了和谐发展的观点。苏格拉底提出了"美德即知识"的命题;柏拉图强调早期教育,注重学习读、写、算、骑马、射箭等知识和技能,要求12岁到16岁阶段的少年要分别去弦琴学校和体操学校学习;亚里士多德把人的灵魂分为植物的、动物的和理性的三部分。与之相对应,提出了体、德、智三方面的教育,此外,他还注重音乐教育。近代教育之父夸美纽斯在其著作《大教学论》中写道:"事实上,人不过是身心两方面的一种和谐而已。"[①]德国著名的自然主义教育思想家第斯多惠,在《德国教师培养指南》[②]一书中提出和谐教育思想,第斯多惠认为每个人都应当追求内在自我的和谐培养,在和谐培养的原理指导下,每个人充分地发挥自己的特长,发展成为一个完美的人。苏联苏霍姆林斯基是和谐教育思想的集大成者,他从事教学理论与实践研究三十多年,提出个性全面和谐发展教育思想。他认为,为了培养全面和谐发展的人,必须在整个教育过程中实施和谐的教育,即把人对客观世界的认识和个人的自我表现结合起来,使二者达到一种平衡。就我国而言,和谐教育思想可以追溯到春秋时期的孔子。孔子提出"礼之用,和为贵"的和谐教育主张,强调把知、仁、勇三者统一起来,实质上就是智育(知)、德育(仁)、体育(勇)的统一。近代蔡元培的"五育"(军国民教育、实利主义教育、公民道德教育、世界观教育和美感教育)并举、陶行知的手脑结合等主张,都寓有和谐发展的教育思想。此外,全面发展教育是马克思主义教育思想的重要组成部分,马克思主义认为

---

① 夸美纽斯.大教学论·教学法解析[M].任钟印,译.北京:人民教育出版社,2006.
② 第斯多惠.德国教师培养指南[M].袁一安,译.北京:人民教育出版社,2005.

人的全面发展最根本的是指人的劳动能力即体力和智力的充分的自由的发展，体现了和谐教育的思想。可见，中西方和谐教育思想都主张在德育、智育、体育、美育和劳动教育全面发展的基础上寻求学生内在个性的协调发展。

当前的和谐教育是在汲取以往和谐教育思想精华的基础上，依据马克思主义关于人的全面发展学说和现代系统科学的基本原理而提出的，即从促进社会全面协调可持续发展和全体社会成员身心全面发展的统一实现出发，调控全社会和教育场中各要素的关系，使全社会教育的节奏符合社会成员发展的节律，使全体社会成员的基本素质获得全面充分发展的教育。和谐教育与激励教育、创新教育、愉快教育一样，都是实现素质教育培养目标的教育模式和谐教育以学校教育教学的主要形式即以课堂教学为中心，调控课堂教学中的各种要素（如教学的目标、内容、方法、手段等）之间的关系，使之达到协调、配合与多样性的统一，使教学的节奏符合学生发展的节奏，"教"与"学"产生谐振效应，从而提高课堂教学质量，减轻学生负担，使学生得到全面、和谐、充分的发展。和谐教育理论直接并深刻影响着和谐课堂教学观念，为实现和谐课堂教学提供了一定的思想基础和理论依据。

第三节　和谐课堂教学的创设原则

一、以人为本原则

"以人为本"体现了党的根本宗旨和核心价值取向，它是对中国共产党人集体智慧的凝聚、提炼和升华，也是对科学社会主义理论的丰富和发展。"以人为本"坚持了马克思主义的唯物史观，"人类的幸福和我们自身的完善"一直是马克思的人生目标，"解放全人类，使每一个人都能得到自由而全面的发展"

是整个马克思主义的出发点、根本点和归宿点。马克思主义的"以人为本"不同于资产阶级抽象的人道主义，马克思的"以人为本"是建立在科学的唯物主义基础上的人的解放的科学理论，是建立在革命实践基础上的人的解放的革命理论，是建立在文明发展基础上的人的解放的文明理论。所谓以人为本，就是要把人民的利益作为一切工作的出发点和落脚点，把人民群众作为推动历史前进的主体，不断满足人的多方面需要和实现人的全面发展。以人为本是一种对人在社会历史发展中的主体作用与地位的肯定，强调人在社会历史发展中的主体作用与目的地位。它是一种价值取向，强调尊重人、解放人、依靠人和为了人。同时，它也是一种思维方式，就是在分析和解决一切问题时，既要坚持历史的尺度，也要坚持人的尺度。

以人为本，构建和谐课堂教学是全面树立和落实中共中央提出的科学发展观和构建和谐社会重大战略思想在学校工作的具体体现。学校是培养人才的场所，课堂教学又是学校教育教学的主要形式，没有和谐的课堂教学就不会有和谐的校园，也就不会有和谐的社会，而以人为本原则是构建社会主义和谐社会的指导原则之一。因此，构建和谐课堂教学也必须坚持以人为本原则。学生是课堂教学的主体，所以，"以生为本"是以人为本在和谐课堂教学中的具体体现。以生为本主要包含两方面的意思：第一，教师要认真钻研教材，精心备课，在组织课堂内容时必须考虑到所讲授的内容是否符合学生的实际情况，是否有利于学生对知识的理解和吸收。第二，课堂中的一切活动都应当坚持以学生的全面和谐发展为本，始终把学生放在第一位，以学生为出发点，以学生为动力，以学生为目的，立足于学生潜能的开发、素质的提高和能力的发展。建立民主、平等、尊重的课堂教学人际关系，尊重学生的权利、人格和个性需要，关心、理解和信任每一位学生。在开展课堂教学活动中，要充分发挥学生的主体性，给一切学生提供一切机会，尽可能地让每一位学生都积极参与教学活动，实现师生、生生互动，共同发展。只有坚持以人为本才能体现教育对人生命主体的价值和人的主体地位的科学认识，意味着课堂应把人的世界和人的关系还给人自己。

二、整体性原则

　　课堂教学可以看作由教师、学生、教学内容、教学方法、教学手段等若干相互联系的教学要素构成的一个系统。按照马克思主义的观点，系统是事物内部互相联系着的各个要素、部分所组成的有机整体。整体与部分相互依赖，没有部分就不会有整体，没有整体也无所谓部分。但整体不是部分的简单相加，整体是各个部分有机的结合，整体具有部分所没有的新功能。当各部分以有序、合理、优化的结构形成整体时，整体功能大于各个部分功能之和。一根筷子的韧性较小，容易被折断，而一大把筷子的韧性就大得多，不易被折断。俗话说："三个臭皮匠，胜过一个诸葛亮。""一花独放不是春，万紫千红春满园。"都揭示了这个哲理。反之，当各个部分以无序、欠佳、不合理的结构形成整体时。各部分原有的性能得不到发挥，其力量被削弱，甚至相互抵消，从而使整体功能小于各部分功能之和。因此，我们在构建和谐课堂教学时要遵循整体性原则，使课堂教学各要素之间相互配合适当。处于一种协调、统一的状态，即和谐的状态，让课堂教学的整体功能得到最大限度的发挥。

　　整体性原则对于学生体现在两方面，即面向全体学生的发展和学生个体素质的全面发展。一是面向全体学生。课堂教学要克服过去"尖子"教学与"英才"教学的片面性和单一性做法的影响，教师要关注每一位学生。保证好、中、差三类学生都能受到很好的教育，都能有机会参与课堂教学的各项活动，使他们各自在不同程度上有所提高和有所发展。

教师要特别对学习困难学生给予切实的帮助和指导，逐步地转化学习困难学生，让他们在自己原有基础上都有所进步。二是学生个体素质的全面发展。人本主义心理学认为，任何健康的人都是一个完整的统一体，他们各自意识、认知、情感和运动彼此较少分离，更多的是互相协作，即为了同一目的没有冲突地协同工作。因此，我们必须把人当作一个理智与情感的整体去研究，必须用整体分析法来研究人，才能产生更有效的结果。人是完整的人，都具有自然属性和社会属性，都是具有德、智、体等基本素质的有机体。课堂教学应该克服只重视知识教育而忽视能力培养和品德教育的做法，要关心学生的身心、情感、认识等方面，使知识、能力、品德教育一体化，学生德、智、体、美、劳等方面得到整体发展。这里需要特别指出，强调学生的整体发展并非忽视学生的个性发展。全面发展不等于平均发展，平均发展最终只会扼杀个性。个性发展是指个体在性格、能力、兴趣、价值观念等方面形成的稳定的心理特征。个性发展和全面发展并不矛盾，两者是对立统一的关系。全面发展是个性发展的基础，个性发展是全面发展的核心。我们要培养创新人才，必须在促进受教育者全面发展的基础上来提倡他们的个性发展。

三、发展性原则

构建和谐课堂教学要坚持发展性原则，就是要以促进教师和学生的共同发展为原则。和谐的课堂教学应包括学生自身的和谐发展和教师自身的和谐发展。教师的发展是学生发展的基础，是学校可持续发展的不竭资源。如果教师发展不能顺应时代要求，就不可能造就学生素质的逐步提高。学生的发展是教师教育教学的立足点，是课堂教学的最终目标。只有教师和学生共同进步、共同发展，才是双赢，才能真正促进课堂教学的发展，促进学校的发展。

课堂教学所具有的特定条件、结构及课堂教学活动尤其是学生活动的状态，决定了课堂教学对学生的素质形成具有发展价值。活动即是人的发展得以实现的现实性因素和决定性因素，也是人的素质发展的基本机制。课堂教学为学生认知素质的发展提供了最为重要的资源和途径，为学生认知以外的素质（兴趣、情感、态度、品德等）发展奠定了认知上的基础。教师应关心和爱护每个学生，促进每个学生发展，要注重发展的全体性、全面性、主动性、差异性和持续性。和谐课堂教学的构建以多元智能理论为依据，特别注重学生多元智能的发展、学生能力发展的多元化。和谐课堂教学所倡导的探究学习和合作学习改变学生原先单一知识的接受性学习，为学生创设开放的学习环境，为学生的发展提供了广阔的空间。探究学习有利于培养和发展学生收集信息、处理信息、分析信息的多元能力，以及动手操作能力、发散思维能力、创新能力。通过师生合作、生生合作可以发展学生协作能力和交往能力，并在合作交往中丰富自身的情感与多元化体验。而这些方面能力的培养和发展既体现了新课程改革的宗旨，也是构建和谐课堂教学的目的所在。所谓"学高为师，身正为范"教师不仅是知识的传播者、人格的影响者，也是道德的示范者，教师的一言一行都会对学生的世界观、人生观、价值观产生重要而持久的影响。因此，在促进学生发展的同时，教师也应该不断地提升自身的素养和专业水平。教师要转变教育理念，树立"以学生发展为本"的教育理念。教师要与学生真诚相待，建立和谐的师生关系。要有一定的教学机智和教学幽默感，能从容面对意外情况。此外，教师必须不断发展与人合作的意识与能力，教师之间、师生之间要相互合作、互相学习，取长补短。教师还必须不断发展课程开发的意识与能力，随着新课程的实施教师要充分地认识到自身是"用教科书教"，是课程的开发者和建设者，而不是"教教科书"，不是课程的消费者和执行者。教师要善于根据学生的心理特点、兴趣爱好与教学内容，开展探究活动课的教学。

四、革新性原则

课堂教学是教师和学生真实生命历程的重要舞台，是学校教育教学的主要形式，是实施素质教育的主阵地。当今我国正在进行基础课程教育改革，教育要改革，就应该从课堂教学开始迈步，如果我们的课堂教学不改变，仍然"穿新鞋，走老路""换汤不换药"，那新课程改革的目标就难以实现。因此，可以说课堂教学是教育改革的切入点，是新课程实施的核心环节。和谐课堂教学的构建要坚持革新性原则即改革创新性原则，改革本身就意味着创新，课堂教学要跟随新课程改革的步伐，随之进行改革。创新是一个民族的灵魂，是国家兴旺发达的不竭动力，当然也是和谐课堂教学发展的源泉。

创新既包括事物发展的过程，又包括事物发展的结果，包括新的发现发明、新的思想和理念、新的学说与技术以及新的方法等一切新事物。创新教育是指根据创新原理，以培养学生具有一定的创新意识、创新思维、创新能力以及创新的个性为主要目标的教育理论和方法，使学生在牢固、系统地掌握学科知识的同时发展他们的创新能力。创新教育是当前全国学校教育改革的主旋律，是实施素质教育的关键。创新教育首先应该从课堂开始，创新教育需要课堂教学的创新，在课堂教学中，教师要大胆开展创新教育，以培养学生创新意识、创新能力和创新能力为己任，转变教育思想、更新教学观念，努力改进教学方法与手段，注意创新教育经验的运用和吸收，课堂教学就会真正成为培养创新人才的摇篮。但是，传统教育体制在学生创新能力培养的许多方面都不尽完善，严重地影响了学生创新才能的发展。在知识经济到来之际，为满足创新人才的需求，必须在目前的教育改革转型时期，从教育观念、培养目标、教学内容、教育方法与手段以及管理体制等若干要素着手，加大教育创新力度，以教育创新促进创新教育。教师要改变教学理念，树立新的知识观、学生观、人才观和教学观，这是课堂教学改革与创新的思想基础；教师要不断提高自身素质，具备较强的创新意识和较强的创新能力，角色由单一向多元转变，这是实现课堂教学改革与创新的前提条件；课堂教学要以教师"教为中心"变为学生"学为中心"，倡导自主、合作、探究的学习方式，学生学习方式和教师教学方式的改变是实现课堂教学改革与创新的关键所在；在传统纯知识记忆的考试教育教学评价体制方面大力革新，建立科学的教学评价是实现课堂教学改革与创新的基本保障。

五、互动性原则

传统课堂教学过分注重学科知识，忽视了学生的存在。教师把教学看成是单向的传道、授业、解惑，却忽略了学生的兴趣、需要；过分强调教师传授，忽视了学生在参与课堂教学中"一言堂""牵着鼻子走路""牛不喝水强按头"的现象相当严重，学生成为被动的知识接收者，很少有机会参与到课堂教学活动中；过分关注学习的结果，忽视了学习的过程。学校过分关注分数和升学率，导致学生死记硬背，缺少自主探究、合作学习、独立获取知识的机会，这对发展学生的创造性思维和培养学生解决问题的能力无任何益处。由此可见，传统课堂教学并不是和谐的课堂教学，学生身心也得不到和谐发展。社会是人们交互作用的产物，一个人的发展取决于和他直接或间接进行交往的其他一切人的发展。和谐课堂教学应是师生互动、生生互动、心灵对话的舞台，应是师生共同创造奇迹、唤醒各自沉睡潜能的活动。因此，我们要遵循互动性原则来构建和谐课堂教学，实现师生、生生互动，共同发展。

互动是指充分利用和学习有关又能相互作用的教学因素，促使学生主动地学习与发展，进而使课堂教学达到高质高效的教学效果。互动对课堂教学而言，意味着对话、参与和相互建构。教学过程可以看作是教师、学生、中介这三个动态因素以信息为载体的互动过程，是一种复合活动。它具有多向型，强调多边互动。课堂教学互动包括人与人（师生、生生）互动、人与机（计算机等课堂多媒体辅助教学工具）互动、人与文本互动、人与环境（课堂）互动等多种全方位互动。其中师生、生生互动又可以分为五种基本类型：教师个体与学生群体的互动、教师个体与学生个体的互动、学生个体与学生个体的互动、学生个体与学生群体的互动、学生群体与学生群体的互动。课堂情境符合学生的求知欲和心理发展特点，师生之间、同学之间关系正常和谐，学生产生了满意、愉快、羡慕、互谅、互助等积极的态度和体验，这些积极的课堂心理气氛是课堂教学互动的基本条件。积极的课堂心理气氛的形成，要靠教师的精心组织和主动创造。教师是积极课堂心理气氛的创造者和维护者。教师有权威性，能以自己的积极情感感染学生，建立良好的班级人际关系，使学生在课堂学习中始终保持良好的心理状态，并能有效地进行课堂教学调控。合作学习是课堂教学互动的基本理念，通过小组合作、小组间的互练互评、成果展示、教师参与学生的活动、师生民主对话等形式，使有效互动成为课堂的主旋律。师生、生生之间的交流互动可以起到相互学习、彼此互补、共同发展的作用。这样不仅有利于开阔自己的视野，而且增加了解他人的机会，更重要的是在互动中加强情感上的沟通与交融，有利于形成友爱、和谐、互助的集体。

第四节　和谐课堂教学的创设策略

和谐课堂教学的构建是一个长期而艰巨的过程，在这里，笔者提出以下可供参考的五方面要求，从观念到行动，逐步地构建和谐课堂教学。

一、培养和谐课堂教学的意识

和谐课堂教学的构建是进行和谐课堂教学的前提和必然。人的行动建立在一定的思想意识基础上，先有意识，才能在意识的指导下做想做的事情。教师和学生是构成课堂教学两大最基本的人的因素，构建和谐课堂教学的动力来自全体教师和学生的努力，需要他们形成合力。因此，和谐课堂教学的构建需要充分地培养教师和学生的和谐理念，形成和谐意识，建立对和谐课堂教学构建必要性的认识，为和谐课堂教学的构建奠定坚实的思想基础。

（一）明确进行和谐课堂教学的意义和价值

在中小学教育阶段，担任构建和谐课堂教学职责的主要是教师，教师应自觉培养和谐课堂教学的意识，深入地研究教师的"教"与学生的"学"。但是审视当今的中小学课堂教学，我们会发现，教师对"教"的研究只限于怎样在一堂课 45 分钟内完成教学任务，缺乏对学生"学"的深入了解。整个课堂教学大部分时间都是教师讲、学生听，教师理所当然认为自己是课堂教学的主体，而学生是接受知识的客体，教与学呈现出相当的不和谐，教师也没有培养和谐课堂教学的意识，更谈不上构建和谐课堂教学。在学生的意识里，教学目标和计划都是事先为他们制定的，教师是以完成课堂教学任务为职责的，而对自己在课堂教学中的主体地位缺乏正确的认识，当然也认识不到和谐课堂教学的必要性和重要性。和谐课堂教学是指按照学生的认知特点和身心发展的基本规律，调控课堂教学中的各种要素（如教学的目标、内容、方法、手段等）之间的关系，使之达到协调、配合与多样性的统一，使教学的节奏符合学生发展的节奏，"教"与"学"产生谐振效应，从而提高课堂教学质量，减轻学生负担，使学生得到全面、和谐、充分的发展。也就是进行和谐课堂教学的最终目的是为了使学生得到全面、和谐、充分的发展,并不是让学生在学科知识单方面得到发展,能够应付各种考试。社会主义和谐社会需要的是身心和谐发展的人,和谐课堂教学能促进人身心的健康发展,培育出符合和谐社会发展需要的人才,塑造一代和谐社会建设的精英。相反,不和谐的课堂教学只会对人的身心造成摧残,成为构建社会主义和谐社会的一块巨大绊脚石。因此,教师要明确进行和谐课堂教学的意义和价值,明晰自己在和谐课堂教学中的地位、角色使命,并充分认识和谐课堂教学的必要性和重要性,自觉地培养和谐课堂教学的意识。

(二)增强学生主体意识,树立自我和谐发展观念

主体意识是人对自身的主体地位、主体能力和主体价值的一种自我觉悟,是主体的自主性、能动性和创造性的意情表现。学生主体意识的觉醒,意味着学生主动参与自身发展,以达到身心自由、充分发展的开始。学生主体意识的强弱,在某种意义上决定着其对自己身心发展的自知、自检、自主、自奋的程度。主体意识越强,学生参与自身发展的自觉性就越强。因此,教师在课堂教学中要增强学生的主体意识,使学生参与自身发展的自觉性提高,对自身身心发展的自知、自检、自主、自奋的程度也相应地提高。同时,教师和学生都要树立自我和谐发展的观念。古人云:"师者,范也;言行静动,皆可为式",只有和谐发展的教师才能培养出和谐发展的学生。因此,教师要不断地提高自身的素养和专业水平,做一个"学习型"教师,在不断的自我学习和反思中能等待、会分享、常宽容、善选择、巧合作、敢创新,努力让自身得到和谐发展。学校必须加大和谐社会构建、和谐课堂教学构建的宣传力度,学生应该把自己当成和谐社会中的一员,当成和谐课堂教学中的一分子,树立自我和谐发展的观念,将自我和谐发展作为一种内在需要、动力和目标,不断地严格要求自己,向和谐发展的目标靠近。

二、建立和谐的课堂人际关系

课堂人际关系是指课堂里人与人之间在情感与信息交流过程中所形成的比较稳定的心理关系。主要有两种类型：一种是垂直的人际关系，即师生关系；另一种是水平的人际关系，即同学关系。和谐的课堂人际关系是孕育学生身心和谐发展的沃土，而矛盾和冲突的课堂人际关系则会让教师和学生感到忧虑和苦恼，甚至会影响身心健康。因此，要想培养身心和谐发展的人，我们必须建立和谐的课堂人际关系。

（一）建立和谐的师生关系

和谐的师生关系是促进学生健康情感和良好社会发展的基础，是保证教育教学活动顺利完成的前提，是素质教育得以实现的关键。和谐的师生关系是一种长久不衰、最富生命力的教育力量。它有利于创设民主、和谐、轻松的课堂教学氛围，师生之间相互尊重、相互信任，教师能心情舒畅地教，学生能轻松快乐地学；有利于师生间的交流与合作，师生坦诚相待，相互体谅与包容，彼此敞开心扉，知识和情感上都能达到很好的交流，学习上也可以成为很好的合作伙伴；有利于学生形成自尊和尊重他人、诚实、善良等优秀品质。和谐的师生关系要求教师要有高尚的品德修养、良好的举止规范，这些都会潜移默化地影响学生，促进学生良好品质的形成。

在课堂教学中，怎样建立和谐的师生关系呢？首先，教师要转换角色、树立民主平等的师生观。教师要从知识的灌输者转换为学习的引导者，从课堂的主宰者转换为平等的交流者，从单向的传授者转换为互动的合作者，从呆板的经验者转换为教学的创新者。其次，学生要转变观念，树立民主平等的师生观。学生要转变教师是绝对权威的观念，要求教师尊重、信任和关心学生，公正地对待全班学生，绝不容忍教师对学生的讽刺、挖苦与不负责任。教师要让课堂成为一个温暖的家，每个学生都能得到理解和尊重、宽容和关怀。要让课堂成为师生平等对话的平台，学生知无不言，言无不尽。再次，教师要提高教学机智，师生作为课堂教学的主角，两者之间往往不可避免地存在着一些矛盾。这就要求教师要有较高的教学机智，表现出一种敏锐、迅速、准确的判断能力，能及时对待和处理矛盾，主动协调人际关系。此外，教师要学会与学生合作。师生之间的合作一方面体现了师生关系的民主平等，学生和教师都是教育教学活动中的参与者，学生不是被动接受知识的"容器"。另一方面，师生之间的合作关系也是培养学生的人际协作精神、创造能力和实现师生教学相长的要求。在与学生合作时，教师最重要的是要信任学生，相信学生一定会成功。要营造民主的气氛，让所有人都能够畅所欲言，表达自己的心声，并无条件地、全身心地倾听对方的意见和感受。要进行沟通，真正理解双方的立场和看法，在合作中形成共识和行动方案。

（二）建立和谐的同学关系

谈起构建和谐的课堂人际关系，大多数人往往都关注和谐师生关系的构建，而和谐同学关系的建立受到重视的程度不够。我们知道，在学生的成长过程中有各种影响因素，同龄人的影响极其重要。同学关系的质量对学生的学业成绩和身心健康产生深远的影响，融洽、和谐的同学关系对学生的学习和成长具有巨大的促进作用，是学生形成社交能力与情感的关键因素。反之，相互疏远和对立的同学关系只会成为强大的制约力，严重地阻碍了学习的学业和身心健康。因此，和谐课堂教学必须要建立和谐的同学关系。

在课堂教学中，可以从以下三方面来建立和谐的同学关系。第一，教师要帮助学生克服自卑和自傲自大的心理。有的学生由于家庭背景不好或学习成绩较差，从而产生一种自卑心理，很少与人交往，退缩在群体之外。这类学生常常感到不安与烦躁，容易与他人对立，甚至产生敌意和对抗。而有的学生仗着自己家庭背景好或学习成绩优异等方面的优势，自傲自大，将那些某方面不如自己的同学排斥在自己的交际圈之外。这些对学生的心理健康发展和交往能力的培养都是极为不利的。教师应该密切地关注学生之间的交往情况，帮助自卑的学生树立信心，多为学生创设自我表现的机会，让其发现各自的闪光点，学会虚心学习对方的优点，从而协调同学关系。第二，提倡合作学习和良性竞争。合作即双赢，同学之间通过交流与合作，能够取长补短，共同发展。在合作学习中，学生要尊重彼此的学习方式、彼此互相认同，既要充分发表自己的意见，也要耐心听取别人的意见，生生团结互助，并以此营造良好的学习氛围，形成和谐的人际关系。在课堂教学中，教师既要让学生学会与其他同学合作，又要鼓励学生之间良性竞争。有竞争才有动力，有竞争才会前进。课堂里的良性竞争能增强学习的兴趣、提高成就动机和抱负水平、提高学习效率，使同学关系更融洽、更和谐。第三，倡导学生互评，并为学生互评创造机会。学生互相评价作为课堂教学评价的一种有益的补充，是生生交往的重要表现之一。教师要借助小组合作活动的形式，组织学生进行互相评价，亦可以制订相应的评价表格规范学生互评的方法，让学生通过互相评价，增进彼此的了解，协调同学关系。

三、创设和谐的课堂教学环境

人生活在一定的环境中，既受环境的影响，又要善于适应环境，同时还要努力控制和改造环境，使之为自己服务。课堂教学活动也是如此，只有了解、适应、改造课堂教学环境，使课堂教学环境为教学工作服务，教学才能取得理想的效果，学生能更自由、健康、和谐地发展。课堂教学是教育情景中的人（教师与学生）与环境（教室及其中的设施、师生间的心理环境）互动而构成的基本系统。因此，和谐的课堂教学环境包括和谐的课堂教学物理环境和心理环境。

（一）创设和谐的课堂教学物理环境

良好的物质环境是进行教学的物质基础和基本保证，和谐的课堂教学物理环境，有助于良好课堂秩序的维系，有助于和谐的心理环境的形成，有助于教和学的协同共进。和谐的课堂教学环境首先需要建立良好的学校环境。良好的学校环境，常选在风景秀丽、交通便利，远离噪声和空气污染的地方。教室作为学生接受教育的主要场所，直接影响着课堂教学各种活动。教室环境的布置和整洁程度不仅会对学生的心灵、身心健康产生一定的影响，而且会对学生学习的态度与行为产生显著作用，进而影响课堂教学效率和质量。因此，我们要以和谐为原则，对教室布局进行合理地规划与设计。教室的四面墙最好是白色、淡蓝色或淡绿色，使教室显得素净淡雅，令师生心境开阔。教室两侧的墙壁上可以挂名人画像、格言警句、奖状锦旗、地图表格等，显示出教育性、艺术性和思想性，给师生以美感和启迪。教室要保证良好的通风，整齐的桌椅、漂亮的窗帘、明亮的灯光，创造一种协调气氛，使人产生一种愉快的心情，从而提高学习效率，实现环境育人的功能。和谐课堂教学要求师生互动，因此，教师应根据教学的需要和学生特点，利用不同座位排列方式的长处，灵活调整组合座位，以利于师生互动，信息的多向交流。创设和谐的课堂教学物质环境还需要加大教育投入，改善办学条件，为教学提供充足、完善的教学设备，如电视、录音设备、多媒体等，教师要适时、适度地熟练使用这些教学设备，提高学生的学习兴趣，提高学习效率。

（二）创设和谐的课堂教学心理环境

课堂教学心理环境是指在课堂教学活动中，影响学生认知效率的师生心理互动环境。它虽然不直接参与教学活动，但却在很大程度上制约着课堂教学效果。它既可使课堂成为每个学生一心向往的殿堂，也可使课堂成为学生唯恐避之不及的地方。它还直接影响着教师水平的发挥和教学的效果，不论采取什么教学方法和课堂教学模式，都要以和谐的课堂教学心理环境做保障。可见，创设和谐的课堂教学心理环境是构建和谐课堂教学的关键。

和谐的课堂教学心理环境是由各种因素共同构建的"心理场"，教师良好的心理素质是创设和谐课堂教学心理环境的首要条件，一个塑造学生健康心灵的教师，自身首先要心理健康。在进行课堂教学时要有愉快的心情、稳定的情绪。要善于调控自己的情绪，避免把不良的情绪带到教学过程中去。要有一定的教学机智，能恰当、迅速、果断地处理课堂上的突发情况。审视当前我国的课堂教学，我们会发现，教师仍然处于主动地位，大搞"一言堂""满堂灌"，教师被看作是无所不能的权威，可以包办一切，还有的教师甚至对学生任意地体罚、侮辱。试想，在这种压抑、恐惧、紧张的心理状态下，学生的个性能得到彰显吗？创造力能得到发挥吗？身心能得到和谐发展吗？大量事实证明：积极良好、和谐愉快的心理环境能使学生的大脑皮层兴奋。这种情况下学生往往思路开阔、思维敏捷、想象力丰富，从而提高学习效率。因此，教师要创设宽松、民主、和谐的课堂教学心理氛围，尽可能习惯"一个课堂，多种声音"，尊重学生的人格和学习方式，平等地对待每一位学生，要善用激励性的言语，对学生缺点错误宽容，以发展的眼光看待每一位学生，要让学生知无不言，能充分自由地彰显个性。此外，和谐课堂教学心理氛围的构建也必须考虑教学内容的选择，教学内容必须充分关注学生的需要和身心发展特征，要有创新性，激发学生的学习热情和兴趣，让学生形成良好的学习心态。

（三）协调课堂内外环境的关系

课堂教学是学校教育的主要形式，是学生获得身心发展的主要场所。但在培育人的过程中，除课堂教学之外，家庭教育、校内社团活动、社会实践与交往等课堂外部环境对课堂教学质量有直接或间接的影响。它们与课堂教学有着密切的联系，会以各种途径、各种方式对课堂教学的实施产生不同程度的影响。如果这些课外环境与课堂教学是一致的，就会有助于课堂教学的开展。相反，如果课堂内环境与课外环境不一致或相冲突，无疑不利于和谐课堂教学的构建。因此，我们要使学生得到全面和谐充分的发展，就必须处理好课堂内环境与课外环境的关系，要充分协调和利用学校、家庭、社会中的有利因素，充分发挥其教育功能，使课堂内环境和课外环境和谐统一，形成合力共同对学生进行教育。

四、建立和谐的"教"与"学"关系

课堂教学过程是教师与学生为完成教学任务而进行的交往互动过程，教师的"教"与学生的"学"是课堂教学最基本的两个要素，"教"与"学"的和谐是和谐课堂教学的基础与核心。然而，审视当今的课堂教学，我们发现因教与学之间的不和谐会产生教与学分离、冲突的现象，从其表现形式上，可以分为两类：有教无学和有学无教。有教无学是指在课堂教学中，教师在台上讲课，学生在台下窃窃私语，对教师的教全然不知，教学活动被分解为只有教而无学的状态。有学无教是指在课堂教学中，教师在台上教，学生在台下不按教师的学，主动弃学，按自己的意愿有选择地进行学习，如看别的书或做别的作业等，从而形成了"有学而没有教"的状态。形成"有教无学"和"有学无教"现象的原因很复杂，既有教师方面的原因，也有学生方面的原因。如教师的教学观念陈腐和固化、新课程改革背景下教师角色的冲突、教师的综合素质和专业化水平不高、教师与学生之间缺乏理解与沟通、教师使用的教学方法与教学手段不当、教学内容与学生兴趣不符、学生的自我意识不断增强、学生学习情绪和学习动机低迷等。课堂教学中，"有教无学"和"有学无教"现象使"教"与"学"不能产生谐振效应，教学的节奏不符合学生发展的节奏，课堂教学质量得不到提高，学生也得不到全面、和谐、充分的发展。因此，笔者就如何建立和谐的教与学关系提出了两点建议。

（一）正确处理"教"与"学"的辩证关系

"教"与"学"是矛盾的两方面，既对立又统一，通过矛盾运动，推动教学活动的开展。在课堂教学中，"教"与"学"既相互依存、相互制约，又相互渗透、相互包含、相互转化。学受教的启动，教受学的制约。教是学的前提和依据，学是教的结果和目的。教师的"教"是外因，学生的"学"是内因，外因只有通过内因才能起作用。正确处理好教师的主导作用与学生的主体地位之间的关系，是实现"教"与"学"关系和谐的关键。在教学活动中，学生是"学"的主体，学生的主动性、积极性、创造性是学习的内因，激发学生学习热情，调动学生学习兴趣，鼓励学生主动参与是课堂教学环节中至关重要的问题。教师是"教"的主体，发挥着主导作用，按照教育教学规律组织教学活动，对学生进行引导和启迪,促进学生在知识与技能,情感、态度与价值观等方面的发展。总之，教师的"教"是为了促进学生的"学"。在课堂教学中，教师的主导作用与学生的主体地位是不可分割的有机统一体，正确发挥教师的主导作用是充分调动学生学习主动性、积极性的前提，而充分发挥学生的主体性，又是充分发挥教师主导作用的重要标志。和谐课堂教学要求坚持"以学习为本"，就是要确立学生的主体地位。教师是学生学习的组织者、引导者和合作者，学生的

"学"离不开教师的"教",学生的主体地位是在教师引导下逐步确立起来的。教师主导作用的出发点必须是"学",课堂教学所追求的结果也一定由"学"体现出来。因此,教师的主导作用必须从发挥学生的主体作用出发,只有这样,教师的主导作用与学生的主体地位才能统一起来,才能将学生的主动性、积极性调动起来。

(二)实现"教"与"学"诸方面的统一

"教"与"学"包括的方面很多,笔者仅就以下方面粗略地谈些看法。第一,"教"与"学"的目标要统一。目标一般是指人们从事某项活动所要达到的预期结果。目标可以激发学习者的学习兴趣,端正行为动机及要求学习者要达到的目的或结果。教学目标就是指教学活动的预期结果所要达到的标准。教学目标是教学活动的出发点和最终归宿,对教学活动有指导作用、激励作用和标准作用。在课堂教学中,教师要把自己的教学目标与学生的学习目标统一起来,使师生产生共同的心理追求,相互激励和学习,为了一个共同的目标而努力奋斗。新课程标准提出了三维目标教学,即知识和技能,过程和方法,情感、态度和价值观。教师要把这一教学目标努力转化为学生的学习目标,让学生了解三维目标的含义和意义,这样有利于学生的自我激励、自我调控和自我检验,有利于教学目的的实现。第二,"教"与"学"的思维要统一。在课堂教学中,如果教师和学生的思维活动趋于同步,课堂教学就能收到较好的教学效果。教师应该充分了解学生的认知特点和认知水平,尝试着从学生的角度观察和思考问题,从学生的角度来设计问题。在课堂教学中,教师要创设问题情境,激发学生的求知欲。创设问题时应注意问题要小而具体,要新颖、有趣、有适当的难度、有启发性。让学生自己开动脑筋,经过思考,反复推敲,直到得出结论。这样就把教师的思维活动与学生的思维活动联系到一起,经过教师适时适当地启发诱导，师生共同向一个方向思考，某些知识和解决问题的方法就由主导一方传授给了主体一方，教师"教"的过程就变成了学生"学"的过程，学生主体性得以体现，教学目标也能够顺利完成。第三，"教"与"学"的方法要统一。"教"与"学"是教学过程的辩证统一的两方面，因此，教法与学法属于"同源之水，无本之木"，是一个问题的两个角度，教法是从如何教的角度来研究的，学法是从怎样学的角度去探索的。教法的本身就包含着学法，渗透着学法指导。教师如果深入了解学的规律及影响学习的可变因素，并以此去指导学生的学，就会发现许多有效的教法。学习是学生自身的认知活动，学生只有采用了符合自己的认知水平和认知规律的学法，才能有效地促进自身知识和智能的发展。当学生掌握了适应终身学习的方法后，他才能学会认知、学会做事、学会共同生活和生存，即实现教育的"四大支柱"。因此，教师要树立"以学定教"的教学方法观。学是教的根据，教法要适应学法，教的规律要符合学的规律。教师的教法不能脱离学生的学法，应主动让自己的教学去适应学生，以学法定教法。

五、建立和谐的课堂教学评价体系

课堂教学评价是对课堂教学质量的综合评定，即以教学目标为依据，对课堂教学设计、施教过程以及教学效果给予价值性的判断，以提供反馈信息，使教师努力优化自己的教学过程，完成教学目标。随着新课程改革和素质教育在全国范围内的不断深入展开，传统课堂教学评价的弊端日益暴露，教师只注重"是否完成认知目标"，忽视学生综合能力的发展；只关注教师在课堂中的具体表现，忽视学生的表现；教学设计过于强调统一性，缺乏灵活性；过于依赖量化评价方法，忽视对质性评价方法的认识与实践等。新课程改革明确提出要改变课程评价过分强调甄别与选拔的功能，发挥评价促进学生发展、教师提高和改进教学实践的功能，建立促进学生全面发展的评价体系和促进教师不断提高的评价体系。和谐的课堂教学需要和谐的课堂教学评价，和谐的课堂教学评价应该体现新课程理念，形成发展性课堂教学评价，促进师生关系和谐、生生关系和谐，促进学生发展和教师提高。

　　建立和谐课堂教学评价体系不是一件容易的事，它是一项系统而复杂的工程，笔者简单地谈些看法。首先，一级评价体系的主要维度。传统课堂教学评价只把眼光盯在教师的具体表现上，使得公开课成为教师的表演秀，忽视了学生的主体性，忽视了学生在课堂上的表现。和谐课堂教学特别强调学生的主体性，注重学生学习过程的参与性。因此，确定评价体系的主要维度为：学生、教学过程和教师三方面。其次，确定一级指标体系。一级指标是指整个课堂教学评价的总体框架内容。可以从教学目标、教学过程、教学方法、教学媒体、教学活动的氛围、教师个人素质等方面去构建和谐课堂教学评价体系的框架。对教师要进行全面评价，不仅要对显性行为（教师在课堂教学中的具体表现），而且要对隐性行为（如教师的职业道德，专业水平，人格力量等）进行评价。最后，确定二级指标体系，二级指标是一级指标范围内容的详细规划，这是整个体系的重点。要以新课程理念为指导，遵循学科特有的教学规律，统筹考虑各方面的因素。评价标准应该用清楚、简练、可测量的目标术语加以表述。

　　教育部2001年印发的《基础教育课程改革纲要（试行）》指出要"建立促进学生全面发展的评价体系。评价不仅要关注学生的学业成绩，而且要发现和发展学生多方面的潜能，了解学生发展中的需求，帮助学生认识自我、建立自信。发挥评价的教育功能，促进学生在原有水平上的发展"。和谐的课堂教学评价应该体现新课程理念，建立促进学生全面发展的评价体系。笔者就如何建立谈些看法。

（一）评价目标多元化

新课程提出多元化的评价目标，针对学生的评价，其目标应是多元的，而不是单一的。至少应包括以下方面的功能：反映学生学习的成就和进步，激励学生的学习；诊断学生在学习中存在的问题，及时调整和改善教学过程；全面了解学生学习的历程，使学生主动参与学习；使学生形成对学习积极的态度、情感和价值观，帮助学生认识自我，树立信心。

（二）评价主体多元化

教学过程是师生、生生互动的多主体参与的过程，因此，在评价时要改变单一由教师评价学生的状况，让学生也参与评价过程。学生自评和学生互评，是实现评价主体多元化的方法之一。让学生参与评价过程与结果的分析，主要是为了让学生通过自我评价提高自主意识、反思能力与学习积极性和主动性，从而更加有效地促进其发展。同时学生自评和互评也是一种非常有效的学习方法，它根源于建构主义学习理论，体现学生的主体性。

（三）评价内容多维度

传统教学评价主要限于学生的学习成绩，和谐课堂教学评价要求以多维视角的评价内容综合衡量学生的发展状况。不仅关注学生的学业成绩，考察"认识"或"概念"等认知层面，同时关注"表现"等行为层面，情感、态度、价值观等情意层面，创新意识和实践能力等能力层面，心理素质、学习兴趣等心理层面的考察。尊重个体差异，注重对个体发展独特性的认可，给予积极评价，发现和发展学生多方面的潜能，了解学生发展中的需求，帮助学生悦纳自己、拥有自信。

（四）评价方法多样化

应针对不同学段学生的特点和具体内容，选择恰当有效的评价方法。对学生知识技能掌握情况的评价，应将量化评价和质性评价相结合，情感与态度方面的评价则主要通过教学过程中对学生的参与和投入等方面进行考察。考试作为一种有效的评价方式，应根据考试的目的、性质和对象，选择不同的考试方法，如辩论、产品制作、论文撰写等开放动态的测评方式。打破将考试作为唯一的评价手段，要求重视和采用如行为观察、情景测验、成长记录档案袋等质性评价方法。还要将诊断性评价、形成性评价和终结性评价有机结合。只有通过这些评价方法的结合才能准确、公正地评价一个学生，保证评价结果的信度和效用。

和谐课堂教学是和谐教育的一部分，是和谐社会的一部分。因此，要想构建和谐社会，就要构建和谐课堂教学。本章以剖析传统课堂教学的局限为前提，以构建社会主义和谐社会为社会背景。以实施新课程为时代背景，深入地分析了和谐课堂教学构建的六大理论基础和五大原则，提出了和谐课堂教学构建的五大策略。本章通过研究和谐课堂教学的构建及策略，寻找使"教"与"学"达到和谐统一的途径，从而减轻学生负担，促进学生基本素质获得全面、和谐、充分的发展。教师掌握了和谐课堂教学的构建策略就好比抓住了一把打开课堂教学奥妙之门的钥匙，使学生在课堂教学中能不断前进，不断超越；共同发展。但鉴于笔者能力有限，对和谐课堂教学构建策略研究得不够深入和具体，策略的可操作性还需仔细斟酌，笔者日后将继续努力探究。

第七章 语文教学文学艺术思维培养策略

第一节 艺术思维的概述

一、艺术思维的概念

所谓艺术思维,具体来说,就是通过创造具体生动的形象来反映社会生活和自然环境,并以美的感染力具体影响人的思想感情和社会生活的一种对世界的艺术掌握的特殊方式的思维活动。

严格来说,艺术思维属于"审美—艺术思维"。也就是说,艺术思维实际上就是审美思维。审美思维,实际上就是人类艺术形式化观念形成的一个标志。这种审美思维的产生,"只有当人类的智力发展到一定水平时,艺术作为一种社会现象才能产生出来"[1]。也就是说,人类具有了形式化观念,他才具备了审美思维的能力,在这种思维的引导下,才能创造出具有真正艺术价值的艺术作品,"而且在艺术创造的思维方式上也明显地打上了一种形式化的印记"[2]。

尽管原始人创造的艺术不能和我们今天的艺术作品相比较,尽管实用的目的还比较明显,但它是人类艺术思维产生的必不可少的阶段。

---

[1] 朱狄.艺术的起源[M].武汉:武汉大学出版社,2007.
[2] 朱狄.艺术的起源[M].武汉:武汉大学出版社,2007.

艺术作为审美的对象，艺术成为审美的对象，取决于人类审美思维的成熟。如前所述，真正意义上的审美思维必须具备的条件首先就是形式化思维的成熟。

原始思维也不同于文明人类的思维，它具有非理智性、非逻辑性和意象性等特征。原始人把物质生产和精神生产合而为一，所以他们的时代就不可能生产出真正意义上具有纯审美性质的艺术品。因此，艺术思维的真正产生是在原始社会瓦解、人类文明产生的历史条件下发生的。

二、艺术思维的特征

艺术思维有两个主要特征：第一个特征就是具有形象性和典型性。艺术是依靠形象（色、声、形、情等形象）的美来表现人们对社会生活的理解、情感、愿望和意志的，它按照审美的原则来把握、再现生动具体的社会生活，并用美的感染力来具体地影响社会生活。因此，艺术家在创作的时候，首先要考虑形象问题。如唐代诗人中，李白的《黄鹤楼送孟浩然之广陵》一诗，写别情就用了"孤帆远影碧空尽，唯见长江天际流"的诗句，把别时景象有感于心者形象地写出，可谓情景交融；又如他的《劳劳亭》诗云："天下伤心处，劳劳送客亭。春风知别苦，不遣柳条青。"借春风有情来写离别之苦，说春风吹过而柳色未青，似乎有意不让人折柳枝送别。含情于中，形象生动。韦应物的《登楼寄王卿》诗："踏阁攀林恨不同，楚云沧海思无穷。数家砧杵秋山下，一郡荆榛寒雨中。"这也是通过对自然景物形象描写而抒发诗人居官自愧之情，读后令人似亲临其境。

艺术思维的生命力还在于它的典型性。艺术思维的典型不是某些个别具体事物的简单再现，而是概括和综合了客观事物和社会事物中的某些或某方面本质的东西。艺术形象越是典型，概括的范围就越是广泛，它的教育意义也就越大、越普遍。因此，艺术思维不同于道德思维和政治思维。我们评价艺术只能用美学标准，而不能简单地用道德标准或政治标准。

艺术思维的第二个特征是独创性与普遍性。科学的特征是关联，艺术的特性是孤立。艺术家是以孤立的心灵去观照对象，从而将对象从诸多联系中孤立出来。因此，艺术作品一经形成就不会有任何重复。具有独创性的艺术作品只有在"群籁虽参差，适我无非新"的生命体悟中才能获得。正如叶燮所说："可言之理人人能言之，又安在诗人之言之；可证之事人人能述之，又安在诗人之述之；必有不可言之理，不可述之事，遇之于默会意象之表而理与事不灿然于前者也。"①

艺术思维同时还需要有普遍性，也就是要做到"人人胸中所有，人人笔下所无"。艺术必须具有"群体功能"和普遍可传达性，要能够"以一性一情周人情物理之变"②。也就是宋人张耒所说的："夫诗之兴，出于人之情，喜怒哀乐之际，皆人之私意，而至大之天地，至幽之鬼神。"③黑格尔曾说过，艺术是各民族最早的教师。④艺术之所以对人具有普遍教育作用，不仅因为它在人类初期曾作为传授劳动经验、培养劳动技能的有效工具，还因为它能给人以美的享受、容易为人们所接受。艺术作为意识形态的上层建筑，它的作用就在于为一定的经济基础服务。一般来说反映先进的阶级和社会势力要求并为适应生产力发展要求的经济基础服务的艺术思维，必定对社会发展起到积极的推动作用；反之，则对社会发展起消极的阻碍作用。社会主义艺术要求革命的思想内容和尽可能完美的艺术形式的统一，坚持艺术为人民服务、为社会主义服务的方向。但是，艺术思维具有历史继承性和人类共享性，所以，诸如莎士比亚

---

① 叶燮，薛雪，沈德潜. 原诗 [M]. 北京：人民文学出版社，1979.
② 叶燮，薛雪，沈德潜. 原诗 [M]. 北京：人民文学出版社，1979.
③ 张耒. 宛集 [M]. 北京：商务印书馆，1937.
④ 弗里德里希·黑格尔. 美学 [M]. 寇鹏程，译. 重庆：重庆出版社，2016.08.

的戏剧、歌德的诗、托尔斯泰和曹雪芹的小说、鲁迅的杂文等，都是全人类的精神财富和不朽的文化遗产，它们都具有永久的生命力。

三、思维与语言关系密切

思维虽然与环境、与实用的行动有关，但我们更不应当忽视的就是思维与语言的关系。劳动和语言相结合，既是人类起源和演化的推动力，也是由猿脑变人脑的原动力和人类思维起源的催化剂。思维与语言关系密切，这是中外考古学家和心理学家都肯定的一个事实。

语言与人类的发展关系巨大，连达尔文也认为，动物也有语言。既然如此，在这里，我们就有必要将人类的语言和动物的所谓语言区别开来。

譬如黑猩猩所谓的思维就始终停留在"前语言阶段"。事实上，黑猩猩连最起码的文化发展也无法达到。有些动物虽然也有手势语，但它们只是处在"情感性表达"和"社会情绪"的阶段。而人与动物的关键区别就在于人既有主观性表达，也有客观性表达，然而，在动物的各种活动中，没有证据表明动物达到了这个客观表述的阶段。

没有语言，也就没有了完整的思维。因此，语言的形成与发展对人类思维来说至关重要。可以说，人类是我们目前所知的"唯一使用语言的动物"，并且正是靠语言区别于其他所有动物。正是由于语言的缘故，正是由于意象思维的形成与发展，人类思维才逐渐形成，最终达到了能够表述自然、社会以及内心世界的一切领域，甚至最终能够表现自然、社会和人生，这正是语言的伟大奠基的结果。

四、艺术思维的发展过程

（一）人类最初的思维属于"感性思维"

人是具备自由创造能力的生灵。"虽然在一小块土地上，在一件工作中，在一定空间的生活里，人的感官远不如动物的感官灵敏，但正因为这样，人才获得了一个长处，即自由。"[①]人的力量所具有的这种倾向我把它称为"思维"。所谓思维，就是人脑的机能和对客观存在的反映，是人脑接受、加工、存储和输出信息以指导人的行为的活动和过程。没有思维支配，人的所谓的自由就会变得毫无意义。

（二）艺术的生命取决于思维

虽然思维和感觉、知觉有着密切的联系，但它们对于事物的反映在性质上还是有本质区别的。这主要表现在：第一，思维的反映对象一般总是比较复杂的，甚至是相当复杂的，因为思维对于事物的反映必然是远距离的、穿透性的、系统的。第二，思维的反映必须以感知的反映作为依据或基础。也就是说，人对事物的反映必然先是感知性的，然后才能上升到思维层面。第三，思维所反映的事物全部或多数或者一部分都不是主体当时直接接触的，或者说干脆就是看不见的，而它们之间的一定联系或区分更是看不见的或者说是不容易看出来的。所以，思维是对事物的整体性反映，是一种潜在的"心理流"，而不是显性的、可直观的东西。第四，思维反映的范围相对来说也较为广泛和深入。对事物的感知性反映，可以说还是皮相、浅层次的，不能反映事物的本质，而只有思维才能系统、概括和深层次地反映事物。

依据别人的经验或论断，这则是艺术家在进行艺术创造时需要切实注意和

---

① J.G.赫尔德.论语言的起源[M].姚小平,译.北京：商务印书馆，1998.

认真防止的。艺术思维是人类精神中影响最为广泛、最为深远、最具活力的因素。因此，我们可以毫不夸张地说，影响艺术创造的最重要的因素就是思维。艺术思维的成熟与否决定着一个艺术家一时创作的成功与否，甚至他的艺术生命。

（三）语言是一切思维的支撑点

没有语言思维，也就不可能产生概念思维。概念思维，是理性认识的基本形式之一，就是反映客观事物本质属性的思维形式。而这中间，理性作为一种潜在的因素，贯穿其中。这里我们所说的"理性"，"是与某种机体组织相联系的唯一积极作用的思维力量"[①]。人类的实践精神的掌握方式经历了一个由低级向高级发展的过程。人类的思维是从简单的模仿开始的，这和动物相类似。随着人类实践精神活动的不断深入化、复杂化、规模化和系统化，理性力量越来越强，概念就慢慢地产生了，人类从此便进入了概念思维阶段，标志着人类抽象能力的诞生。在概念产生以后，人们的思维就以概念为材料来进行，产生概念思维。概念思维使人增强了征服一切领域的信心，从此，"人拥有更自由地施展力量的空间"[②]。概念思维与艺术思维有所不同，它是以语言为思维的物质手段，所以语言学家称它为语言思维。

概念思维并不排斥艺术思维。相反，人的艺术思维在概念思维的影响下得到新的发展，成为与最初的即无概念的艺术思维不同的思维形式。这也就是说，有了概念思维以后，它就必然参与、影响、制约着艺术思维，从而把艺术思维提高到了一个新的水平。

语言支撑着一切思维形式，而最能展示语言"才华"的天地莫过于艺术思维，意象的创造正是靠语言来进行表述的。

---

① J.G.赫尔德.论语言的起源［M］.姚小平，译.北京：商务印书馆，1998.
② J.G.赫尔德.论语言的起源［M］.姚小平，译.北京：商务印书馆，1998.

（四）艺术思维的过程就是创造意象的过程

与科学思维不同，艺术思维是以象征思维为主，以意象思维为核心的。这是因为艺术的掌握是对世界的诗意的、审美的掌握，而任何审美价值都体现在一定的物象或形象上。真正意义上的艺术活动，是从人的审美理想和审美需要出发、以创造艺术意象为目的的活动。

这一意象就是遵循亚里士多德的"把谎话说得圆"来创造的，因而它可以是想象的、虚构的，甚至是实际上并不存在的，这是艺术掌握中的意象思维与实践精神的掌握中的意象思维的不同。但艺术活动不管怎么样都是离不开具体形象的，这就决定了艺术思维是以意象思维为主的一种思维形式。我们所说的象征思维，更主要的是一种艺术表现手法，就是艺术家通过艺术思维的想象和联想活动，凭借某种具体的物象来表现与这种物象的形态、属性相类似的思想感情。所谓意象思维，则是艺术思维创造与描述环节的基本思维形式。是由表象概括而成的理性形象，是事物的表象与主体对其深层之理解的辩证统一。意象以语词为其物质形式。语词既有抽象概括性，又有具体形象性。文学艺术通过语词表达形象化的概念——意象，进行形象创造。

艺术思维的出发点就是要紧紧抓住审美属性，进而形成审美意象。

艺术思维的第二步就是要把一般的审美意象转化为艺术典型形象。这个过程是一个分析与综合的过程，是抽象与概括的过程，是把特点、情节分离，进行归纳、概括的过程。经过这种思维过程创造具体形象。当然，这个思维过程的每一步都伴随着意象运动，思维的基本材料是意象，思维的运用诸如分析和综合，等等，主要是使意象和意象不断结合，简单意象综合为复杂意象，单一意象综合为复合意象，初级意象综合为高级意象，最后形成完整的艺术典型或构成一种象征体系，通过有序的语言表达出来，这就是艺术创造的过程。关于这个过程，我们在后面有详细论述，恕此不再赘述。这个过程一般是概念思维在前，即先形成概念，然后才进行艺术思维；而在进入艺术思维过程后，概念思维就会退居从属地位，它不能代替意象思维。

艺术思维中的意象思维是自由的，不受观念和时尚制约、影响的。而其他思维中的所谓意象思维实际上是对概念的图解，其中的联想和想象是从属于观念的，联想和想象实际上是观念的外壳，其联想和想象是按照推理的方式来创造意象的，如果以这种方式进行艺术创造，那就只能创造出公式化、概念化的毫无感染力和毫无意义的东西。

第二节　文学中的艺术思维类型

一、诗歌思维

诗歌艺术思维最突出的特点就是想象。当一个人感情异常丰富时，他就会浮想联翩，要充分表达情感就要展开想象。想象是诗人情感抒发的最得力的工具。雪莱说："诗可以解作'想象的表现'。"[1]诗人在创作诗歌时，思维异常活跃，感情也极为强烈，想象使诗歌更富有鲜明、生动的色彩。因此，活跃的想象造就了诗歌多种多样的表现手法。像李白的《将进酒》中的"黄河之水天上来"、《蜀道难》中的"蜀道之难难于上青天"，这些夸张手法的出现与想象是密不可分的。只有想象思维完全开启之后，诗人才有可能完全投入到诗歌情景中去，从而创造出富有想象、夸张色彩的诗句。实际上，比喻往往就是实质上的想象与夸张，像苏轼的"欲把西湖比西子，淡妆浓抹总相宜"，诗人就是运用比喻手法，传神地写出了西湖的美丽。可以说，奇妙的想象造就了奇妙的比喻。

---

[1] 玛丽·雪莱.弗兰肯斯坦[M].刘安平,唐树良,译.南京：译林出版社，2019.

想象思维不仅创造了诗歌中多种多样的写作手法,而且为诗歌增添了无穷的想象力,使诗歌富有意境美。

想象还是诗人概括与综合的基础。如杜甫的"朱门酒肉臭,路有冻死骨",就写出了人人所见之事,但却道出了他人所不能言的寓意。强烈的对比,正是非凡想象的结果,从而深刻地揭示了冷酷的社会现实,抒发了诗人对社会不公平的强烈不满。

因此,诗歌思维的主要核心是想象,它是诗歌思维的主要特点和出发点。

二、散文思维

散文的最大特点就是"形散而神聚"。因此,散文思维的出发点就是在表面的漫不经心中表现灵魂的聚焦。

抒情散文是一种通过描述某一事情的片段、某一人物的侧面、某一特定的自然景物来侧重抒发作者对生活的激情和感受的散文。因此,创作抒情散文时,作者往往托物言志,千方百计把自己的思想感情渗透到所描写的客观事物中去,使自己的本质力量对象化,把自然人化,或把自己自然化,使主观的"情"与客观的"物"融为一体,不可分离,难辨主客,从而创造出诗的意境。抒情散文就是凭借它优美的意境来感染人的。

作家在创作议论性散文时,其思维侧重点往往不在"情",而在"理"。要将政论性与文艺性紧密结合,就要求作家在创作时其思维要有严密的推理、合乎逻辑的判断以及令人信服的论据。作家要通过作品摆出足以支撑论点的事实材料,经过判断、推理、论证,最后得出结论。这是议论性散文的一个重要的思维特点。

在叙事性散文中,报告文学所占的比重较大。因为这种文学形式能够迅速而及时地报道社会生活中的重大事件和群众关心的事情。如约翰·里德的《震撼世界的十月》、夏衍的《包身工》等。报告文学所选取的材料一般都具有普遍的社会意义，并且通过作者的分析、议论，能够敏锐地提出并回答现实生活中的重大问题。并充分运用文学手段，对素材进行选择、取舍和艺术加工，在真人真事的前提下塑造形象和典型。在思维过程中，作家要明确热情歌颂新事物。可以叙议结合，可以声情并茂。把议论和抒情很好地结合起来。

综上所述，无论哪种类型的散文，都具有"形散神聚"的特点。

所以散文家在创作活动中，其思维重心就在于放纵思想自由驰骋的同时，还要主题集中，用中心思想这条红线串起生活的珍珠。

三、小说思维

所谓小说思维，就是以创造典型形象为基本任务，以人物为中心组织情节、细节，以叙述、描写为主要方法的艺术思维活动。一部小说成功的标志，就是应该有一个或者多个能够站立起来的人物形象。《三国演义》《水浒传》《西游记》《红楼梦》《安娜·卡列尼娜》《红与黑》等古今中外优秀的小说，都有几个甚至几十个不朽的文学典型。

小说构思的中心，就是要使人物站立起来、行动起来。而能够站立起来、行动起来的人物一般必定是性格鲜明、活灵活现的。孕育人物，最重要的是确定人物性格。人物性格应该从他活动的环境中多方面地去展开。人物性格既要有确定的一面，又应该有不确定的一面。这样，就能够做到人物性格既鲜明又丰富，更有利于围绕人物性格来组织情节。情节实质上就是人物性格的发展史，也是人物关系的发展史。人物关系就是典型环境，就是主要人物、次要人物相互间的关系。一切自然的、社会的生活场景的描写，都要服从创造人物的需要。

情节的重点需要鲜明、生动的细节描写。人物性格往往是从典型的突出的细节中得到表现的。如中国古典名著《儒林外史》中描写严贡生临死的时候，为了油盏里点了两根灯芯，从而伸出两个指头久久不能咽气。这一细节就很典型，因为它突出地表现了人物的吝啬性格。

人物性格，既要从行动中去显现，又要从心理上去刻画。即使是着重描写人物心理的小说，也仍然要展现人物的行动、人物对现实的态度。因为人物心理归根结底是人的现实活动的反映。现代小说在表现方法上有很多发展，如意识流小说，它打破现实生活的顺序，而以人物的意识活动为轨迹顺序，尽管如此，也仍然要写出人物的现实活动。否则这种意识就会失去历史的内容，变得不可理解。一般来说，中、长篇小说人物性格有一个形成的过程，而短篇小说由于篇幅的限制，一般只能截取生活的横断面，而不可能纵向地描写生活。

第三节　学生艺术思维的培养

一、语文教学中学生艺术思维的培养

新课程标准下，对培养学生的艺术思维和艺术能力提出了新的要求。在语文教学中，注重对学生艺术思维的培养，不仅有利于加深学生对文学作品内容的理解，帮助学生与作者形成情感上的共鸣，提高语文的学习效率，而且能够帮助学生形成正确的审美价值，培养高尚的艺术情趣。立足于语文教学，深入分析如何在语文教学中培养学生的艺术思维。

（一）培养学生的想象力，实现语言的画面转化

想象力是人类社会进步和发展的重要推动要素。在语文教学中，教师应让学生根据自己的生活实际经验对课文内容展开想象，在头脑中形成生动形象的画面。如在教学朱自清的《荷塘月色》时，教师应引导学生抓住课文中的关键词句，例如，"舞女的裙""零星地点缀的白花""月光如流水""袅娜地开着""羞涩地打着朵儿""像笼着轻纱的梦""远处高楼渺茫的歌声"等描写景色的句子，让学生运用丰富的想象力，把这些景物有机地融合成一幅荷塘月色图，把作者所描绘的景象与作者的写作背景和生活经历联系起来，体会作者表达的情感。在教学杜甫的《茅屋为秋风所破歌》时，教师可以引导学生抓住从"床头屋漏无干处"到"长夜沾湿何由彻"四句诗，从眼前之景和心中所想之景两个角度展开想象，体会作者忧国忧民的思想。

（二）激发学生的情感活动，体会作品的思想感情

情感活动是艺术表达的第一要义和最终目的，情感表达不仅是文学艺术作品的核心所在，也是语文教学的主要内容。许多优秀的文学艺术作品都凝结着作者的思想感情。例如，《紫藤萝瀑布》描绘了美丽动人的紫藤萝，激发了学生对大自然的喜爱之情；《风筝》表达了作者对童真童趣的歌颂，激发了学生对孩童时代的回忆。文学作品中不仅有许多鲜明生动的人物形象，如爱国科学家邓稼先、勇敢机智的小英雄雨来、俗世奇人泥人张等。在语文课堂教学中通过分析这些人物的形象，能够深入激发学生的情感活动，使其与作者共鸣。

（三）加强学生的移情训练，培养学生的艺术思维

一般来说，移情指的是情感的生发主体，也就是人，从自身的主观感受出发，为本没有情感的客观事物赋予感情，使它有思想、有情感，是人将自身的感情

转移到客观事物上的一种修辞手段。在文学作品中比较常见。运用移情的手段，可以将作者的主观情感与外界的客观事物有机地融合在一起，是一种含蓄、委婉的情绪表达方式，达到寓情于景、情景交融的境界，不仅可以丰富文学作品的写作内容，而且可以让读者有身临其境的感受，能够加深读者对文学作品的印象，帮助读者更加深刻地理解作品内容和其中所表达的情感。例如，分析杜甫《月夜忆舍弟》中"露从今日白，月是故乡明"这一句诗，结合诗人颠沛流离的生活经历，作者把自己的思想情感转移到露水和月色上，表达了作者对故乡的浓浓思念。

移情通常有三种主要的表现手法，分别是：比喻、拟人、夸张。比喻是指作者结合生活实际，用与甲物具有相似性的乙物来说明和描述甲物，例如，朱自清《荷塘月色》中写到"叶子出水很高，像亭亭的舞女的裙"，就是抓住了荷叶和舞女裙摆形状的相似之处，生动形象地描绘了荷叶舒展的状态。分析《紫藤萝瀑布》中"紫色的大条幅上，泛着点点银光，就像迸溅的水花"，将紫藤萝比作大条幅，将阳光的辉映比作晶莹的水花。通过这种表现手法，生动形象地描绘了阳光下的紫藤萝的美好姿态，让学生能够体会到大自然的美好和神奇，促进其生发出对自然的向往和热爱。拟人是指作者赋予本没有生命的物体以生命，仿佛它是具有生命、具有情感的。例如，秦观在《春日》中写道："有情芍药含春泪，无力蔷薇卧晓枝。"为蔷薇和芍药赋予了人的生命，将雨后芍药和蔷薇的形态描写得别具情味。例如，朱自清《春》中开篇写道："盼望着，盼望着，东风来了，春天的脚步近了。"为春天赋予了人的生命，"春天的脚步"生动地描绘了春之将近的喜悦心情。夸张是指在文学作品中，作者为达到某种写作效果，而对事物的形态、程度刻意地夸大或缩小的修辞方式。例如，李白"白发三千丈，缘愁似个长"，将白发夸张成有三千尺长，突出了"愁"的程度。

因此，在语文教学中，教师应该注重学生对移情这一修辞手法的理解和感悟，帮助学生形成系统的艺术思维。例如，教师可以组织学生参加丰富多样的课外实践活动，让学生走出课堂，去体验生活中的万事万物，让学生结合自己的实际生活经验体会和感受蕴含在生活和自然中的艺术魅力，为学生的语文学习营造轻松愉快的学习氛围。

总之，在语文教学中，渗透学生的艺术思维能力，不仅能增强学生的语文理解能力，提高学生的学习效率，而且可以丰富学生的精神世界，提升学生的审美能力。

参考文献

[1] 王荣生作. 语文教学之学理 [M]. 北京：商务印书馆，2022.01.

[2] 孙立华作. 基于核心素养的语文教学实践 [M]. 北京：线装书局，2022.01.

[3] 樊洁，崔琼，单云著. 语文课堂教学创新实践研究 [M]. 长春：吉林人民出版社，2021.10.

[4] 方相成，林忠港，毛然馨著. 语文精准教学原理及案例评析 [M]. 杭州：浙江大学出版社，2021.09.

[5] 张泽建. 高校院校大学语文教学现状及改革探析 [J]. 天中学刊，2008（02）：125-126.

[6] 韦志成. 语文教学艺术论 [M]. 南宁：广西教育出版社，2001.

[7] 李新宇. 语文教育学新论 [M]. 南京：南京师范大学出版社，2006.

[8] 郭平. 中学教育学 [M]. 成都：西南交通大学出版社，2015.

[9] 王炳社. 艺术思维能力论 [M]. 北京：作家出版社，2006.

[10] 冉正. 语文思维教学论 [M]. 桂林：广西师范大学出版社，2005.

[11] 彭华生. 语文教学思维论 [M]. 南宁：广西教育出版社，1996.

[12] 卢金明. 语文课程教学设计论 [M]. 北京：光明日报出版社，2013.

[13] 乔伊斯. 教学模式 [M]. 北京：中国人民大学出版社，2014.

［14］曾杰.社会思维学论集［M］.牡丹江：黑龙江朝鲜民族出版社，2015.

［15］李晓华.论"国学热"背景下的大学语文教学［J］.学理论，2011（11）：348-349.

［16］徐雪芹.大学语文教学引入电影辅助实现教学目标的探讨［J］.山西青年管理干部学院学报，2010，23（02）：104-105.

［17］乔守春.传统文化教育在大学语文教学中的实现途径［J］.天津电大学报，2011，15（01）：69-71.

［18］黄金柱，周永红，鹿军.试论网络文化背景下的大学生政治社会化［J］.西安文理学院学报（社会科学版），2007（02）：90-93.

［19］黄立新.网络环境下的协同教育研究［M］.北京：科学出版社，2010.

［20］王国良.网络文化语境下高校思想政治教育的新思路［J］.深圳大学学报，2007（01）：151-155.